合肥市第十六届暑期阅读征文活动获奖作品集

一本好书

合肥市中小学生暑期阅读活动组委会 编

时代出版传媒股份有限公司
安徽教育出版社

图书在版编目(CIP)数据

读一本好书:合肥市第十六届暑期阅读征文活动获奖作品集/合肥市中小学生暑期阅读活动组委会编. —合肥:安徽教育出版社,2024.8
ISBN 978-7-5748-0252-0

Ⅰ.①读… Ⅱ.①合… Ⅲ.①读后感-中小学-选集 Ⅳ.①H194.5

中国国家版本馆CIP数据核字(2024)第101824号

读一本好书:合肥市第十六届暑期阅读征文活动获奖作品集
DU YI BEN HAOSHU:HEFEI SHI DI—SHILIU JIE SHUQI YUEDU ZHENGWEN HUODONG HUOJIANG ZUOPIN JI

出 版 人:费世平
策划编辑:于 芳
责任编辑:吴晓东 孟维晴 李晨希
责任校对:李勇军
美术编辑:陈熙颖
责任印制:陈善军

出版发行:安徽教育出版社
地　　址:合肥市经开区繁华大道西路398号 邮编:230601
网　　址:http://www.ahep.com.cn
营销电话:(0551)63683012,63683013
排　　版:安徽时代华印出版服务有限责任公司
印　　刷:合肥华云印务有限责任公司

开　本:880 mm×1230 mm 1/32
印　张:8.75
字　数:151千字
版　次:2024年8月第1版
印　次:2024年8月第1次印刷
定　价:45.00元

(如发现印装质量问题,影响阅读,请与本社营销部联系调换)

合肥市中小学生暑期阅读活动组委会

主　　编　桑韧刚　张红贵
副 主 编　孙　伟　石宣艳

编委会成员　王萌萌　贾　莉　卫　波
　　　　　　徐　莉　王　荣　董雪梅
　　　　　　吴倩倩　王朝升　晏晶晶
　　　　　　黄　超　江　中　张小琴

前言

蹉跎莫遣韶光老，人生唯有读书好。书籍是人类进步的阶梯，阅读是一个人一生受用的好习惯。

读书如树木，不可求骤长。中小学是培养读书习惯的关键阶段。合肥市教育局紧紧围绕立德树人根本任务，结合青少年学生的年龄特点和认知规律，极力推动形式多样的学生读书活动，培育了一些深受欢迎的品牌读书活动，"中小学生暑假读一本好书"活动举办了16届，"中小学生爱国主义读书教育"活动举办了30届，各学校校本读书活动案例更是百花齐放，争奇斗艳。

博观而约取，厚积而薄发。合肥市"中小学生暑假读一本好书"活动自2008年启动，阅读书目逐年丰富，阅读形式多种多样，参与人数不断增加，活动影响力日益彰显。从2020年起，每年有超过10万名中小学生参加，不少家长也通过亲子阅读参与到了活动中。

本书选自合肥市第十六届"中小学生暑假读一本好书"活动部分获奖作品，这些作品体现了同学们对所读图书的独到理解和个人感悟，展示了同学们的阅读素养和写作能力。从作品中我们可以看到，很多同学能见微知著，既能把题材融入广阔的社会背景中，又能从小处入手、细处着笔，传递时代气息，弘扬时代精神。从这些优秀作品中，我们看到了平时看不到的孩子们的个性及其精神世界，看到了他们对生活的热爱、对生命的尊重、对梦想的追求和对未来的期待。

党的二十大报告提出要深化全民阅读活动，教育部等八部门印发的《全国青少年学生读书行动实施方案》，提出引导激励青少年学生爱读书、读好书、善读书，立志为中华民族伟大复兴而读书。相信通过不同层面的共同努力，读书将在学校教师、学生当中，蔚然成风，浓厚的阅读氛围将在全社会弥漫开来。

合肥市中小学读书活动组委会

目录

小学组

3　但携诗韵览江湖
　　——读《跟着诗词去旅行》有感　　曹文夕

6　怀揣报国心，勇拓少年路
　　——《我们的弟弟"小萝卜头"》读后感　　郭梦宇

10　家风如画，习惯如诗
　　——读《傅雷家书》有感　　王雨辰

14　读《西圆圆公主新传》有感　　朱沐瑶

16　淝水之事
　　——读司马光《资治通鉴》有感　　何礼乐

19　懂得爱、学会爱、让世界充满爱
　　——读《爱的教育》有感　　胡欣扬

22　做一个好人
　　——读《渔童》有感　　王霁薇

25	愿我的友谊之船漂洋过海	
	——读《柳林风声》有感	孙梓岩
28	遇见法布尔	刘辰菲
33	读《木偶奇遇记》有感	张浩成
36	双向奔赴的爱	
	——读《狼王梦》有感	吴辰羽
40	开启"新"世界	
	——读《昆虫记》有感	孙　睿
43	一本神奇、充满糖果味道的书	
	——读《秘密花园》有感	李思萌
47	仰望苍穹　逐梦星空	
	——读《中国轨道号》有感	郝奕清
50	读史可以明智	
	——读《大唐兴亡三百年》有感	赵翌鸣
53	承煌煌之志，将薪火相传	
	——读《走进课本的科学家》有感	汤浅优
56	在黑暗中呐喊	
	——《呐喊》读后感	马誉心
59	读经典名著，品百味人生	
	——读《西游记》有感	费恒煦
62	写给保尔·柯察金的一封信	
	——读《钢铁是怎样炼成的》有感	王皓喆

66	远山留胜迹 灯火照后人	
	——读《远山灯火》有感	宋馨玥
68	北斗，北斗，我为你骄傲	
	——读《我的"中国芯"》有感	郝欣玉
71	像狼一样勇敢	
	——读《骑狼女孩》有感	张紫娴
74	不忘初心 励志前行	
	——《红星照耀中国》读后感	杜文博
78	每个人心中都有一座草房子	
	——读《草房子》有感	李锦浩
80	星星火炬 无尽光芒	
	——读《星星火炬》有感	金博傲
83	珍惜当下 感恩前行	
	——读《童年》有感	米浩天
86	探索自然奥秘，守护生命之光	
	——读《寻秘自然》有思	丁思涵
89	勤学苦练才有所成	
	——读《俗世奇人》有感	宋逍羽
92	藏在细碎光阴里的爱	
	——读《每一次呼啸而来》有感	王砚炘
95	读《鲁滨孙漂流记》有感	钱辰灏
98	拥有一双发现美的眼睛	
	——读《春》有感	田嘉仪

101	读书的滋味	孙婧璇
104	读《青铜葵花》有感	沈奕萱
107	《地球重生》读后感	吴梓豪
110	少年自当扶摇上，揽星衔月逐日光	
	——读《46亿岁的地球：漫长的前寒武纪》有感	
		岳丁文

初中组

115	最美的相遇	
	——读王国维《人间词话》有感	李润硕
119	铿锵玫瑰	
	——读《书香岁月——杨绛》有感	王丁娅
123	一声狂笑，半个盛唐	
	——读《李白传》有感	张雅欣
127	越重山而终见霞	
	——读《徐霞客游记》有感	周羽童
131	深渊中的自我救赎	
	——读《我与地坛》有感	肖懿萍
136	不要放逐心中的风筝	
	——读《追风筝的人》有感	程欣瑶

140	由悟空三离取经团队所想到的	
	——《西游记》读后感	李欣宇
144	读《骆驼祥子》有感	张小健
147	别有一番滋味在心头	
	——读《杜甫传》有感	袁乐蕊
150	勇做时代的吹号者	
	——《艾青诗选》读后感	詹紫怡
153	《史记》的深思	周天悦
157	海压竹枝低复举,风吹山角晦还明	
	——《苏东坡传》读后感	颉孙梧桐
161	与鲁迅一起朝花夕拾	
	——读《朝花夕拾》有感	杜静怡
164	鲁莽比怯懦更接近于真正的勇敢	
	——读《堂吉诃德》有感	肖思源
167	通古今之变,成一家之言	陈泽峻
170	不以成败论英雄	
	——读《人类群星闪耀时》有感	吴千寻
174	世界以痛吻我,我却报之以歌	
	——读《苏东坡传》有感	王 楠
177	生逢盛世当不负盛世	
	——读《红星照耀中国》有感	何雨轩
180	比天空更宽广的是人的心灵	凌仪涵

186 我爱这土地

  ——读《艾青诗选》有感   孙嘉怡

189 做一个战士

  ——读《泥土深情——巴金》有感   吴慧婷

192 我的心不再漂泊

  ——读《漂泊少年——艾芜》有感   谭程鑫

196 土地与太阳

  ——读《艾青诗选》有感   汪哲宇

高中组

201 以梦为马,莫负韶华

  ——读《马可·波罗的故事》有感   徐时馨

204 《我与地坛》读后感   宣亚玲

208 草木一生,人间清欢   翟宇涵

211 读《杜甫传》有感   冯炜婷

215 为宇宙立传,与时间赛跑

  ——读《时间简史》有感   余欣宇

219 功不唐捐,玉汝于成

  ——读《万历十五年》有感   徐锦熙

222	以德报怨,以爱制恶	
	——读《悲惨世界》有感	胡方圆
225	无炬火,自成光	
	——读鲁迅《呐喊》有感	罗梓铭
228	品人间清欢	汪泊言
231	突破局限 理解幸福	
	——《我与地坛》读后感	陶婉欣
234	读《我的阿勒泰》有感	李佳靓
237	品清照诗词,领易安风骨	
	——读《李清照词传》有感	汪博宁
242	幡然醒悟的骑士	
	——读《堂吉诃德》有感	吴玲红
245	捧朝花轻嗅,悟"行所当行"	
	——读《朝花夕拾》有感	葛雯惠
248	人生百味,静心品读	马艾琳
252	亦可绰约多姿,亦可勇健敏捷	
	——读《红楼梦》有感	许天悦
256	我的红楼情缘	吴静然
261	《苏格拉底的申辩》读后有感	张 鑫

小学组

但携诗韵览江湖

——读《跟着诗词去旅行》有感

肥西县桃花镇延乔路小学 2017 级 8 班　曹文夕

指导教师　彭金赟

在繁忙的现代生活中，我们都渴望逃离都市的喧嚣，寻找一份内心的宁静。当我在暑假里翻开这本《跟着诗词去旅行》，我仿佛打开了一扇通往古代诗人心灵的大门，让我得以追随着他们的足迹，穿越千年的时空，走遍千山，踏遍万水，体验一场别样的旅行，在倾城的时光里与柔情的诗意邂逅。

书的前言写道：一个人的气质里，藏着他读过的诗，走过的路。

中华上下五千年文明，无不与山河息息相关，有山河的地方就会有诗词。华夏辽阔的土地上，总有让文人墨客驻足的风景。他们挥毫泼墨，留下诗词歌赋，组成了灿烂的中国诗词文化。这些清词丽句，一一被收进了这本书里，让我们得以追寻古人的足迹，在书页翻转间，来一场诗意的远行。

于是，我便搭上了一叶扁舟，穿越时空，亲历中华千年沉浮。

扁舟驶过北京："黄金映幽燕，蓟北有雄城，千古兴亡事，不过酹秋风。"北京，曾是皇权的宠儿，政治风云的见证者；现在，它是我们国家的首都。它历经沧桑，曾听过陈子昂在幽州台上写下"念天地之悠悠，独怆然而涕下"，如今，它依然屹立在中华北部，创造繁荣，静看世界风起云涌。

扁舟驶过盛唐长安："水墨淡染映青山，金城千里歌琅嬛。"作为华夏文明的发源地之一，西安的历史源远流长，十三个王朝曾在此建都，将繁盛与衰败镌刻在此地，千年风沙也无法侵蚀掩盖。华清宫里叙尽唐玄宗与杨贵妃的爱情，留下"一骑红尘妃子笑，无人知是荔枝来"的诗句；"一派诚心护帝灵，谁言土偶不无情"道的是秦陵兵马俑的故事；"一城开四门，五险守皇安"，述的是西安城墙，亦有诗人在城墙上留下"凭栏望星辰，沧桑岁月转"的慨叹。西安的街头巷尾，散落着关于这座古老城市的传说，余音袅袅。

扁舟驶过烟雨苏州："秋声枫影下，眉蹙寒山风。"吴地水乡苏州，最常见的便是属于梅雨的一抹青黛。月落乌啼，江枫渔火，一曲秦淮唱响了枫桥夜月；青砖黛瓦，湖光画舫，半边园林演绎了诗雨江南。吴人看惯的"小桥偎翠随流水，锦溪水上葬红颜"，依旧是无数人的魂牵梦萦。

扁舟驶过玉门敦煌:"大漠孤烟直,长河落日圆。"提到敦煌,便是大漠、驼铃及莫高窟的飞天。金戈铁马,战火硝烟,离别思念,曾在此地频频上演。"黄沙百战穿金甲,不破楼兰终不还",将士豪迈悲怆;"劝君更尽一杯酒,西出阳关无故人",更是离别凄凉。玉门关外千百年的故事,荡气回肠。

《跟着诗词去旅行》是一次独特的文化之旅,它不仅让我领略了古诗词的魅力,更让我在忙碌的生活中找到了一片心灵的净土。通过这本书,我仿佛真的穿越了时空,与古人进行了一次心灵的交流。这是一次难忘的文化之旅,也是一次心灵的成长之旅。在未来的日子里,我将继续携带这本《跟着诗词去旅行》,让它陪伴我欣赏更多的风景,体验更多的生活,寻找更多的答案。

我的读书心得:

怀揣报国心，勇拓少年路

——《我们的弟弟"小萝卜头"》读后感

合肥市永红路小学 2019 级 1 班　郭梦宇

指导教师　钟玲

身既死兮神以灵，魂魄毅兮为鬼雄。

——题记

"妈妈，监狱外面有什么？"

"妈妈，我也想去学校里上学。"

"妈妈，他们为什么给我戴上脚铐？"

"妈妈，我们是不是永远出不去了？"

……

在读《我们的弟弟"小萝卜头"》时，我仿佛听到那稚嫩的声音带着好奇和疑惑，小心翼翼地摸索着这方块之地，摸索着他从出生以来一直生活的地方——监狱：老虎凳、烙铁、竹签子、锁链露出血腥的微笑，阴暗的楼房张大着漆黑腐臭的嘴。监牢中随着阴风微微颤抖的风化木头，还有低垂着头已经发蔫的野草。在这样压抑残酷的环境中，一双大而有神的眼睛，一张天真烂漫的面孔，一副因为营养不良而干枯瘦小的身形，成了白公馆里的一丝生机。他被狱友们怜爱地叫作"小萝卜头"。他，就是共和国最年轻的烈士——宋振中！

"为人进出的门紧锁着，为狗爬出的洞敞开着，一个声音高叫着：爬出来吧，给你自由！""小萝卜头"给妈妈背诵着新课《囚歌》。为了让小萝卜头能读上书，他的妈妈和狱友们集体罢工绝食。他们为他争取到来之不易的学习机会。而"自由"对于"小萝卜头"来说，又是多么遥不可及，却又无比渴望啊！就连一个只有十几平方厘米的窗口，都能使他激动不已，但是他宁可放弃到外面晒一晒久久难见的太阳，宁可放弃从未吃过的美味的糖果，也绝不屈服于看守们对他的羞辱。他用自己的言行，让我知道了什么是"人小志坚"。

学校组织排练音乐剧《心中的"小萝卜头"》，希望借这个节目让我们与"小萝卜头"进行跨越时空的心灵交流。荣幸的是，我被选中扮演剧中的领唱"小萝卜头"。由于读过"小萝卜头"的事迹，我深知他的勇毅和坚定，也深知扮演这样一个英雄人物，我必须拿出百分之百的崇敬与尊重。但是当时正好是学期末，复习任务重，而表演对唱的要求极高。我一度对演好这个角色、唱好这首歌曲没有了底气。仿佛有一座泰山压在我的身上，我害怕我传达不了"小萝卜头"的伟岸精神，我害怕我撑不起来"小萝卜头"的光辉形象！

我想要放弃，老师告诉我，"小萝卜头"在经历苦难的时候，年龄比现在的我们还小，但是他在妈妈和狱友们的教导下，心中一直怀揣着报国之志，帮助狱中的共产党员传递情报，最后死于反动的国民党手下。他身子虽瘦，年龄虽小，但肩上担着的是千斤重担。畏苦畏难，人之常情，但克服困难的人才能开拓自己的道路。老师叮嘱我，一定要眼中有光，真正融入这个角色，深入理解当时的情境。回到家我又重新翻起这本书，细细品读感受。合上书，我抬头看到窗外的晚霞，火红地烧成一片，染得仅剩的白云也泛着红光，长长地绵延到天际，像是画布上呈现出的一幅热烈并充满生机的画作。我的心瞬间被击中，我好像知道该如何演绎"小萝卜头"了。我要通过我的演绎让我的同学们更加了解"小萝卜头"，用"小萝卜头"身上的精神感染人、打动人，让他身上的红色基因、革命薪火代代传承。

随着排练的深入，我将自己投入其中，好似自己也在经历那段艰苦的岁月。最终，演出获得了老师和同学们的一致好评，我还参加了区里的校园文化艺术节展演。但这些早已不再重要，我已经达成了我心中的目标，让这位年龄最小的革命烈士的精神不断传承发扬！

今天的我们，生在繁华盛世，拥有良好的生活条件，每天可以安心地学习。如果"小萝卜头"出生在这个年代，那他一定是建设祖国的中坚力量！斯人已逝，但精神永存。

辰星闪闪,迎接黎明。群鸟争鸣,天将破晓。瞧,东方的地平线上,渐渐透出一道红光,那是无数传承了"小萝卜头"红色基因的少年们在开拓崭新的未来。

⭐ 我的读书心得:

家风如画，习惯如诗

——读《傅雷家书》有感

合肥市育新小学 2018 级 5 班　王雨辰

指导教师　丁莉莉

最近，我读了《傅雷家书》这本书。

傅雷通过一封封家书，以平等的朋友身份，把自己对于人生的感悟、为人处世的道理分享给远在欧洲的儿子傅聪。他和儿子无话不谈。在傅雷一封封家书絮絮的诉说中，我体会到一位父亲炽热的爱子之心，也领悟到了许多为人处世的方法和道理。家是孩子的港湾，父母的教育会影响我们的一生，帮助我们形成良好的习惯。

泱泱华夏五千载，风云人物灿若繁星。北宋著名政治家、史学家司马光曾官至宰相，位高权重。他不但自己反对奢侈，崇尚俭朴，同时也十分重视对孩子俭朴方面的教育，他在写给儿子司马康的家书《训位示康》中教育儿子保持俭朴的重要性。正因为司马光教子有方，所以他的孩子谦逊有礼，人品高尚。周恩来的侄女周秉德说，他们一直把伯父周恩来的话记在心中，过简朴日子，踏踏实实、本本分分做人、做事。曾国藩说，无论父母多么疼爱孩子，都应让他接受三种苦：读书的苦、劳动的苦、生活的苦。他也常常在家书中教授子嗣为人做事的道理，还形成了祖祖辈辈传承的家风。

家风就是这样在生活的方方面面得以生根发芽，茁壮成长。

我们家有浓浓的书香气息。满书架的书籍，摆在高处的是爸爸妈妈的书籍，摆在下面的是我和弟弟的书籍。爸爸妈妈平时忙完一天的工作，总喜欢在睡觉前阅读自己喜欢的书籍，而我和弟弟也喜欢坐在我们的书架下面翻阅我们的书籍，沉浸在书的海洋里。

书香氛围也潜移默化地教会我做事需要认真的道理。在学习上，我从不需要父母督促，放学一回到家我就会打开书包，认真地完成复习、写作业、预习任务；在学校，我认真听讲，积极发言，写得一手好字，老师常常表扬我认真的学习态度。

每到周末，妈妈总会打扫卫生，从房间到客厅，里里外外打扫，不放过任何的边边角角，直到房间被打扫得一尘不染。爸爸则会在厨房忙着给我们准备午饭，用一桌的美食来犒劳一家人一个星期的辛苦和努力。而我和弟弟也会拿出我们的书包和鞋子，边洗刷边聊天，分享一周的快乐和收获。

暑假里，天气炎热。一早，爸爸就从菜市场买回新鲜的蔬菜。妈妈坐在椅子上,剥着豆子,窗外的蝉"吱吱"地叫,仿佛在抱怨天气的闷热难忍。我看见妈妈的衣衫已被汗水浸湿,脸上也挂着汗珠,手里的活却始终没有停下。一颗颗豆子被妈妈熟练地从豆荚里剥出来,散发出清香。我和弟弟主动请缨,要帮妈妈一起剥豆子,于是我们一人拿了一个小板凳,坐在妈妈身旁,开剥起来。我才剥了一小会儿,汗水就从我的脸上流了下来,滴到脖子上,手指甲也开始隐隐作痛,但是看着妈妈认真的样子,我在心里暗暗告诉自己:"没关系,我一定可以坚持,帮妈妈分担家务,妈妈就可以少干一些,轻松一些。"这样想着,我深吸一口气,继续剥起来。中午,吃着自己亲手剥的豆子,我感觉无比美味和满足。劳动的辛苦让我感受到自己的价值,也让我拥有了满满的成就感,使我明白面对困难不畏艰辛、坚持不懈的重要性,促使我勤劳、乐观性格的形成。

　　家风如画,它会在我们的言行中绘就一幅美丽的画卷;习惯如诗,它会在我们的生活中点滴滋养,促进我们成长。爷爷说,家风好,便可家业兴旺、阖家幸福;爸爸说,习惯好,有助于我们涵养德行、砥砺成才;我想说,家风和习惯体现在我们的一言一行中,让我们一起传承优良家风,争做时代新人!

★ 我的读书心得:

读《西圆圆公主新传》有感

合肥市奥体小学 2020 级 2 班　朱沐瑶

指导教师　　孙静静

今年暑假，我认真读了我最喜爱和崇拜的作家"诺米姐姐"许诺晨写的《西圆圆公主新传》这本书。

这是一本很特别的书，里面有童话的趣味，有散文的优美，有漫画的搞笑，还有一点儿武侠小说的精彩，让我爱不释手。

书里主要写的是大燕皇朝的传奇将军陆战要密谋造反，准备带着三万大军攻打大燕皇都。西昌国女王西圆圆是大燕皇朝皇帝南子画儿时的好友，南子画请西圆圆帮助收集陆战造反的证据，想要消灭陆战。

聪明智慧的西圆圆知道战争需要武器，而磁石山的磁石是最好的武器制造原料，西圆圆就带领大家直奔磁石山。

一路上她结识了唐国的"悦王"唐枫、"兔子王"北东和苏千千等人。西圆圆和她的战士们进入磁石山后，在一群有灵智的动物的帮助下，很快找到了证据。可是正在他们高兴的时候，却被陆战来了一个"瓮中捉鳖"，一行人全部被抓。在这种情况下，西圆圆仍然没有气馁，而是克服重重困难，用智慧逃脱重重圈套，最终在唐枫的帮助下，把陆战的反军全歼于燕都城外，还了大燕国一个太平盛世。

这本书里我最喜欢的人物当然是西圆圆公主，她阳光、快乐，武艺超群，既善良聪明，也很可爱。无论在什么样的情况下，她都充满自信。西圆圆的自信不仅表现在战争的危急时刻，也表现在日常生活中，比如她在给南子画作画的时候，别人看了都觉得"丑不忍睹"，她却很自信地欣赏着："这幅画真美！"

这本书有幽默和搞笑的情节，有正义和邪恶的对抗，还有温暖和感人的友情，非常精彩，非常感人，非常好看！

看完这本书，我深受启发：我们新时代的小学生，也应该时时处处充满自信！大家在日常生活和学习中难免也会遇到一些困难，这时候就要有克服和战胜困难的信心和决心！

我的读书心得：

淝水之事

——读司马光《资治通鉴》有感

合肥市南门小学 2022 级 3 班　何礼乐

指导教师　朱凌云

在延绵不绝的历史长河中,总有点点灿烂星光,照亮生命和家乡,比如司马光的《资治通鉴》。

今年夏天不太热,每当夜幕来临时,我便拿出爸爸送我的《资治通鉴》,它像是尊敬的良师益友,带着淡淡的墨香,陪伴我的暑期阅读之树节节生长。

《资治通鉴》这本书真的是太神奇了!里面有很多有意义且有意思的历史事件。其中,我最喜欢的一篇是《淝水之战》,这个故事让我感受到了勇气、智慧和团结向上的力量。

淝水之战发生在我的家乡合肥市肥西县以北的东记河上。淝水是有名的古战场,三国时,魏将张辽曾败孙权于淝水。东晋时,谢玄曾击败苻坚于淝水之上。

东晋的这场淝水之战,是我国历史上著名的以弱胜强的战事。

故事发生在很久很久以前，当时，身处乱世之中的晋朝国力逐渐衰弱。相反，氐族首领苻坚在前秦统一北方后，意图南下攻晋，实现统一大业。此时，谢安作为晋朝的军事统帅，肩负着保卫国家的重要使命。

书中是这样记载这场战争的：前秦主苻坚征调90万大军，直逼南安。而东晋仅有8万人马，由谢玄等将率领。谢将军面对敌强我弱的形势，采用分化敌人的战术。他派使者到前秦军营，要求秦军后退，空出战场，以便晋军渡河决战。苻坚认为我众敌寡，击之必败，于是下令退军。但秦军中的汉族和鲜卑族将领却希望晋军渡河后乘机出击，当收到撤退令时，顿时人心浮动。晋军乘机抢渡淝水，猛烈进攻，秦军大乱，溃不成军。最终，苻坚被灭。

这场战争对中国的历史产生了深远影响。对前秦来说，淝水之战是一次灾难性的失败，这场战争使前秦统一各国的希望落空。与此同时，东晋王朝的统治得到了巩固。

在淝水之战中，苻坚虽拥有大量兵力，但由于指挥不当，战争落败。而谢安则凭借卓越的领导力和战略眼光，以少胜多，出奇制胜。

《淝水之战》这个故事告诉我们：在面对强大的对手时，沉着冷静、善于谋划是取得成功的关键。同时，故事还提醒我们：战争并非解决问题的首选办法。在战争之前，苻坚和谢安曾有和平相处、共同发展的机会。然而，苻坚过于急功近利，最终遭受失败。这让我们认识到，和平与合作才是实现长久稳定的关键。

《资治通鉴》让我们不仅学到了历史知识,还学到了很多做人的道理:无论面对什么困难,都要勇敢面对,用智慧解决问题;团结合作,大家一起努力,才能取得更好的成绩。

未觉池塘春草梦,阶前梧叶已秋声。新的学年即将来临,让我们一起努力,以史为鉴,以史为师,成为一名更好的小学生。

⭐ **我的读书心得:**

懂得爱、学会爱、让世界充满爱

——读《爱的教育》有感

合肥一六八玫瑰园学校四（5）班　胡欣扬

指导教师　杨冬艳

暑假，我读了一本好书，书的名字是《爱的教育》。

《爱的教育》是一部日记体小说，全书以一位叫恩利科的四年级学生的视角写出了一件件平凡的小事，这些事中蕴藏着浓浓的爱。爱仿佛是一把钥匙，打开了人们的心扉。这本书，让作者埃迪蒙托·德·亚米契斯呕心沥血、妻离子散，但他却用爱作为语言，跟我们讲述了一个个道理。

在《我的二年级女老师》中，我看到了师生之情。这位可敬可爱的老师，每天为了孩子们马不停蹄地工作着，尽管她有病在身、劳累不堪，但她对孩子们总是循循善诱、关怀备至。这位女老师不光是一位和蔼可亲的老师，更像是一位母亲，一位温柔慈爱的母亲。我觉得她的学生就算长成大人，也依然会经常想念她，依然会来看为他们日夜操劳的"母亲"。

在卡罗纳身上，我看到了同学之谊。在《纳利的保护人》里，驼背的纳利在学校受尽了欺负，别人嘲笑他、抽打他，他总是默默地忍受着。在一天上午，卡罗纳猛然站起来说："谁再敢动纳利一根毫毛，我就打得他人仰马翻，狼狈不堪。"有人不理这一套，果然被打得狼狈而逃。卡罗纳用同情心和高大的身躯，保护着一个个弱小的同学。我觉得我们应当学习卡罗纳助人为乐的精神，做一个有同情心的人。

斯达尔迪让我看到了兄妹之间的爱。他在准备接妹妹回家时，遇到了如同野兽般凶残的弗朗蒂，在弗朗蒂欺负妹妹时，他挺身而出，奋不顾身地向弗朗蒂冲过去。最终斯达尔迪赢了，弗朗蒂狼狈不堪，拔腿逃走，斯达尔迪成功地保护了妹妹。

在这本书中，我看到了真、善、美，知道了什么是爱、爱在哪里、怎样去爱。爱是父母的拥抱，是老师的关心，是朋友的陪伴。爱在家庭里，在校园中，在班级中。我们要用行动去爱，爱可以是帮助一位同学系红领巾，可以是帮父母倒一杯水，可以是其他点点滴滴的小事……

★ **我的读书心得：**

_____

_____

_____

小学组

做一个好人

——读《渔童》有感

巢湖市世纪新都小学 2018 级 3 班　王霁薇

指导教师　胡凤云

"渔童"在灯光的照耀下，散发出神奇的光彩，白瓷如月色，纯洁、温润、晶莹，仿佛凝聚了世间所有的宁静和美好……合上《渔童》这本书，我为那个完好无损、还在微笑的"渔童"长吁了一口气。

《渔童》这本书讲述的是一个男孩和一位教授，在危难中结成生死之交，不同的家庭，不同的人们，互相关心，互相帮助，为保护一尊珍贵的明代德化瓷雕渔童，而发生的历险故事。

书中的主人翁童大路是一名五年级的小学生，他到同学家做客时，不小心摔坏了同学家的一张大理石桌面。同学的父亲韩教授，非但没有让他赔偿，反而向好学诚实的大路展示了他的收藏。这让童大路体会到韩教授的仁厚，也见识了中国艺术品的魅力。初次见到那尊渔童时，童大路的眼睛直直地盯着它，惊讶地张大了嘴巴。只见一个胖嘟嘟的男孩，骑在一条大鲤鱼上，眯缝着眼睛，咧开嘴笑着。他双手合抱着鱼头，手臂像两段洗干净的白莲藕。那条鲤鱼也是活灵活现，仰起头，张开嘴，好像也在笑。渔童的脚下，绽开着一朵大浪花，晶莹的水珠在浪花周围飞溅。大路凝视着渔童，觉得渔童仿佛在和他说话："喂，童大路，我们交个朋友吧，来啊来啊，我们一起骑着鲤鱼去玩吧！"童大路被渔童深深地吸引。后来当喜爱的渔童就要遭到破坏时，他奋不顾身，机智地与对方周旋，并想出好点子，藏起了渔童。渔童辗转被藏在垃圾箱中，童大路家，童大路邻居家，童大路乡下外婆家……最终得到了保护。

书中的童大路机智勇敢，爸爸妈妈正义懂礼，弟弟妹妹聪明可爱，外婆善良朴实，无论在什么时候，善良的人们都能够互相温暖、互相帮衬。

是啊，不论身处什么样的年代，我相信热爱真善美的心灵都会像太阳一样照常升起！在我家车库的隔壁，住着一位老奶奶和她的孙子孙女。别人的车库只是用来停车，而老奶奶一家几口却住在没有窗户、没有洗手间、狭小潮湿的车库里。我经常能看到老奶奶迈着趔趄的步伐在小区的垃圾箱里翻找饮料瓶和纸盒。看着老奶奶瘦弱佝偻的背影，我猜想她家一定是遇到了什么困难。我很想帮助她，于是想了一个办法，家里一有废旧纸盒和空饮料瓶我就会悄悄地放到老奶奶家门口。爸爸妈妈也十分支持我的做法，渐渐地，我们全家都养成了一个习惯，只要在路上看到空瓶子就会顺手捡回来，送去老奶奶家的门前。虽然我们所做的这些对老奶奶家来说微不足道，但至少能让他们感受到一丝温暖。

正如书中童大路的班主任刘老师对学生们说的那样："不管以后发生什么事情，希望你们记住，要学做人，要学知识，要做个有良心的好人。"

⭐ 我的读书心得：

愿我的友谊之船漂洋过海

——读《柳林风声》有感

肥西县上派学区中心学校 2019 级（7）班　孙梓岩

指导教师　张雯

这个暑假，伴着骄阳，听着蝉鸣，我看完了《柳林风声》这本书。读完这本风趣幽默的小说，我有了十分特别的感受。

《柳林风声》的作者是英国作家肯尼斯·格雷厄姆，这本书主要讲述了柳树林中几个朋友之间发生的有趣故事，让我们从动物的视角感知大自然的无穷奥妙，感受友谊的力量。四个好朋友齐心协力，用智慧和勇气，夺回蟾蜍宫，而蟾蜍也一改往日的自大，变成了一名绅士。

四个好伙伴的冒险精神让故事得以延续的同时，也让我心潮澎湃。它们开启河岸春游，驾着马车旅行，又深入野树林，去老獾家相聚，紧接着夜访故园，最后加入保卫家园的战斗，夺回了蟾蜍宫。这一路惊险刺激，险象环生，而它们总能化险为夷，乐观前行。

此时此刻，我不禁想起我最好的朋友——蒋依娜。我们年龄相仿，性格互补，她胆大爱冒险，而我谨慎好观察。一直以来，我领着她发现新事物，她则带着我去开展许多冒险之旅。

我很爱观察蚂蚁，她也像好奇宝宝一样随我分析蚂蚁的习性和出行规律，还能通过蚂蚁的行为预测风雨。有一次，我把糖块放在一只蚂蚁身旁，观察这只蚂蚁的动态。只见蚂蚁抖动着触角，围着糖块转圈，那是在呼叫伙伴过来一起搬走这庞然大物吧！果然几分钟后，它的小伙伴们就陆续赶到了，它们同样在糖块周围快速走动，像在庆祝觅食成功，又像在安排搬运计划。它们的力气可真大呀，竟然举起比自己重几千几百倍的东西。我们忍不住大声惊叹：团结的力量真是无穷的啊！

感叹之余，蒋依娜拉上我飞快地来到她家后面的攀爬架前。我恐高，不敢上去。她不停地鼓励我，并保证会一直拉着我走。我们穿好防护设备，开始了冒险之旅。在她的鼓励和陪伴下，我慢慢适应了这高度，不知不觉间放开了她的手，与她一前一后走到了终点。那一刻我激动极了，这是我从未体验过的刺激旅程，是友谊的力量帮我克服了内心的恐惧。后来，我们又挑战了其他"冒险"项目，比如骑自行车、摘西瓜、挖蚯蚓……我们约定慢慢地去探索更加广阔的天地，而这些也成了我们之间永远的小秘密。

萦绕在柳林间的友谊感染着我们，让我们开始学着热爱生活，懂得感恩，学会助人为乐，变得更加宽容大度。

未来的我们会像书中的鼹鼠一样遇到更多的朋友,哪怕漂洋过海,也会将这炽热的友谊一直传递下去。我们的生活会更加美好,让我们一起拥抱灿烂的明天。

⭐ 我的读书心得:

遇见法布尔

安徽省肥光小学 2018 级八班　刘辰菲

指导教师　王雪晴

清晨的森林格外宁静，浓稠的雾气像牛奶一样笼罩着大地，偶尔传来几声鸟儿的鸣叫。风儿吹过，树叶发出哗哗的声响，如溪水轻轻淌过。

我走在一条小路上，这是一条由各种形状的小石子铺成的小路。太阳升起，雾渐渐散去，眼前的一切逐渐清晰起来。

我欣赏着这迷人的景色，一座漂亮的房子映入眼帘。这座房子的外墙是白色的，黄色的窗框两旁还挂着几盆花，大门外有一圈篱笆，篱笆里开着一朵朵小花，还长着一丛丛茂盛的叶子，叶子的形状像一把小扇子。

靠近了才发现草丛边蹲着一个小男孩，小男孩把脑袋探到草丛里，似乎在寻找着什么。可能是感觉到我走近了，小男孩抬起头看向我。他长着一头棕色的头发，可爱的小脸上嵌着一双明亮的深色眼睛，闪着机灵的光。

我抬步走过去，拍了拍他的肩膀小声对他说："你在找什么？"小男孩看上去被我吓了一跳，但又很快缓过来，笑了笑对我说:"我在观察蚂蚁,你过来看看,它多有趣呀!"

我向他手指的方向看去,只见一只小蚂蚁正使劲地推着一块面包粒,应该是想把它运回自己的巢穴。不巧的是前方有一个小坡,小蚂蚁费尽力气也没能将食物推上去。看着小蚂蚁这么辛苦却一次次失败,我真想去帮它一把。这时,小蚂蚁却丢下食物向蚁巢方向爬去了。正当我以为它要放弃时,巢穴里出来了很多小蚂蚁,它们齐心协力地将食物运回了蚁穴。

看到这里,我和小男孩都很高兴,我想起还不知道他的名字,便问道:"你叫什么名字?""我叫法布尔。"法布尔?《昆虫记》的作者法布尔?还没等我开口,他又说:"我也不知道你的名字,但我刚刚见到你感觉你是从阳光里走出来的小姑娘,我就叫你阳光吧。""这真是个好听的名字,我很喜欢,谢谢你。"听到了我的回答,法布尔开心地笑了:"很多虫子和蚂蚁不一样,蚂蚁有六条腿,自然界中有很多类六条腿的虫子,它们应该与别的虫子区分开,它们叫昆虫。我将会找到更多的昆虫。"

这天,我和法布尔在寻找昆虫,树上一只正在结网的蜘蛛引起了我的注意,法布尔告诉我:"蜘蛛有八条腿,它不是昆虫,它喜欢捕猎昆虫,蝴蝶、蜜蜂、苍蝇等一不小心就会成为它的美食。"说话间,小小的蜘蛛已经结好了网,耐心地等待美食落入陷阱。

似乎是一转眼就到了夏天,我回头召唤法布尔,惊奇地发现法布尔比我高出了一头,已是少年模样,胳膊长长的,手掌又宽又大。

夏天是个特别炎热的季节,只有风会带来一丝凉爽,鸟儿已经懒得唱歌,唯有知了一边拍打着翅膀,一边卖力地叫着:"热啊,热啊!"

我们观察到蟋蟀鸣叫原来是通过翅膀的摩擦发出的声音,为了更深入地了解蟋蟀,法布尔捉了几只带回家。

法布尔发现,蟋蟀弹奏乐曲总是会把左前翅压在右前翅上,他想让蟋蟀换一种方法弹奏。于是他找来一根小草棍小心翼翼地把它们的右前翅挑到左前翅上,但这似乎不管用,等到蟋蟀开始弹奏时,它们就会很认真地将翅膀恢复原状。它们一定是养成了习惯,法布尔决定从小培养,他又捉来几只小的蟋蟀,用小夹子将它们的翅膀交换位置,看它们长大后能否弹出不一样的乐曲。

很快,小蟋蟀长大了,已经可以弹奏音乐了,我和法布尔激动地观察着蟋蟀,期待它们能弹奏出不一样的音乐,但是结果却和我们想象的不一样,蟋蟀们只是没太费力地拍了几下翅膀,翅膀就恢复了原样。

我失望极了,心想:"难道蟋蟀的弹奏方法就真的不能改变了吗?"法布尔看出我难过的情绪,安慰我:"失败是成功之母,有了这次经验,下次我们就能成功。"

树叶渐渐变黄,伴随着一片片黄叶的飘落,秋天到了。此刻的法布尔不再年少,他的身材更加伟岸,额头现出几丝皱纹，鬓边偶尔还能看见几根白发，手掌变得有些粗糙，俨然已是一位充满智慧的中年人。

螳螂换上了土黄的秋裳，吃力地挥舞着两只曾经威武的"大刀"，努力维持着威风的形象。金龟子披着暗绿的盔甲在地上爬来爬去，花间飞舞的蝴蝶也不再鲜艳，蝗虫也没了力气，瓢虫慌慌张张地在准备过冬……

法布尔说："我要把我见到过的昆虫都记录下来。"说完他便拿起笔开始工作，他书写一会儿快一会儿慢，一会儿奋笔疾书，一会儿陷入思考。

秋去冬来，北风送来阵阵寒意，雪花漫天飞舞，坐在炉火边的老人正是法布尔。他满脸皱纹，白发苍苍，眼神里满是回忆。一只孤独的苍蝇晃悠着从我们眼前飞过，它的生命就要结束在这个冬天了。以前活蹦乱跳的蚂蚱现在却一动不动地藏躲在洞里。

坐在圈椅里的老法布尔对我说："我的时间也不多了，我写的那本书就是留给这世界的礼物。"想了想，他又说："在里面我记录了一百多种昆虫，更多的就留给其他人去发现。阳光，你该回家了，我要休息了。"我点点头，向法布尔告别。

我沿着来时的路往回走，此时春天已经来临，浓雾散去，鸟儿在枝头唱歌，微风拂过，花草都舞动起来。

路旁的草丛边，一个小男孩蹲在草丛边，似乎在寻找什么……

⭐ 我的读书心得:

读《木偶奇遇记》有感

肥东县张集学校 2018 级 1 班　张浩成

指导教师　孙霞

书籍是阶梯，陪伴我们向上；书香是良药，慰藉我们的心灵；书韵是钥匙，打开真善美的大门。作为地地道道的读书虫，暑假我读了《木偶奇遇记》，汲取到了成长的力量。

老木匠盖比希把一段木头做成了木偶，并且取名为匹诺曹，盖比希把匹诺曹当作自己的儿子，为了供他上学，把衣服都卖了。可匹诺曹一心贪玩，去了木偶剧场捣乱，离家出走后，他被狐狸和猫坑蒙拐骗，做了牢犯、看家狗，幸亏有仙女帮忙，才捡回了一条命。原本准备回家好好学习的他禁不住诱惑去了玩乐国，不幸变成了一头驴。盖比希念着匹诺曹，一直在找他，最后在鲨鱼肚子里父子俩相遇了，并且逃了出来。故事的最后，匹诺曹的种种经历让他变成了一个真正的男孩。

冰心曾说："每一个人都有他自己的童年往事，快乐也好，心酸也好，对于他都是心动神移的最深刻的记忆。"匹诺曹的奇遇已经结束，但我对成长却有了更深刻的认识。

透过窗户，一眼望去，天似乎要压下来了，我好像也要被压得窒息了。许多蝉也围在一起开紧急大会，吵吵嚷嚷的。我不由得担心了起来，今天没带伞，我祈求着老天不要下雨。伴随着放学铃响，雷声也紧随其后，不久便下起了倾盆大雨。踩着"冒泡"的路面，我逃命似的奔向校门口，在校门口我希望能快点见到那张熟悉的面孔。时间一分一秒地过去，我围着柱子绕了一圈又一圈，度过了漫长的半个小时，妈妈出现了。她看见我冻得直打哆嗦，把身上的外套脱了下来，一边给我披上一边说："我来迟了，不好意思。"可我根本不领情，一路上只冷着脸。回家后，妈妈又笑着脸问我："今天在学校发生了什么有趣的事情呀？有没有被老师夸奖？"我仍旧板着个脸，径直回到房间，坐在椅子上，怒气一下子冲了上来："为什么迟迟不来接我？为什么我都被淋成落汤鸡了才来接我？难道还有什么比女儿更重要吗？"

一会儿，我的晚餐铃响了，可妈妈却迟迟没来喊我吃饭。我推开房门发现妈妈蜷缩在床上，一动也不动，她的脸很红。我立马跑上前摸了摸妈妈的额头——她发烧了！虽然已经急得像热锅上的蚂蚁，但我努力保持冷静。我从家里的抽屉里找到了退烧药，看着妈妈喝下，我有些惭愧：是不是今天有点冲动了？是不是要让妈妈说出她的苦衷？是不是不该那么没礼貌？困意袭来，我躺在妈妈身旁睡着了。

第二天一早,我发现妈妈已经把早饭做好了,妈妈坐在我旁边跟我说:"对不起,昨天因为工作上有些事情,去迟了,结果没想到雨下得那么大,说实话看到你的样子,我心疼极了。"我呜咽着对妈妈说:"妈妈,对不起,是我太任性了!"妈妈拍拍我的肩,真是无声胜有声啊!

一个木偶经历许多会成为真正的人,而幼稚的我做出一次次改变,也能顶天立地。成长是一个空白画板,等我将理解、包容、自强绘上去,绘就一幅色彩绚丽的画卷。

★ 我的读书心得:

双向奔赴的爱

——读《狼王梦》有感

肥东县实验小学 2018 级 17 班　吴辰羽

指导教师　杨朝云

我喜欢夏天,夏天有甜甜的西瓜,有入口即化的冰激凌,有漫长的暑假。在暑假,我可以尽情品读自己喜欢的书籍,读我最喜欢的《狼王梦》。

《狼王梦》的故事发生在辽阔的尕玛尔草原上,故事讲述了母狼紫岚把后代培养成狼王的经历。母狼紫岚在极度饥饿的情况下冒险去村庄抓鹿,并与大白狗展开了凶多吉少的斗争。搏斗之时,紫岚生下了五只狼崽,但随后一场山洪便夺走了其中一只狼崽的生命。在成长过程中,黑仔因过早出洞玩耍而成为金雕的食物;蓝魂儿因勇敢冲在最前列捕猎山羊而踩中了猎人的弹簧夹;双毛在即将登上王位时失败,变成狼群的盘中餐;唯一的母狼媚媚在经历了诱骗后步入正轨,找到了新的伴侣。在媚媚即将分娩时,紫岚为了孙子们不再像黑仔那样被金雕残害,最终与金雕同归于尽。

读完这本书，我的心情久久不能平静，对狼有了新的认识，对母爱也有了更深层的理解。也许在大家的眼里，紫岚和其他狼一样，凶猛、残暴、狡诈，但在我的眼中，紫岚是一位伟大的母亲。它在和大白狗搏斗的时候，即便产下五只狼崽，也还是不顾一切地与大白狗斗争厮杀，为的是什么呢？是为了给这五只狼崽赢得生的希望啊！

动物如此，人亦然。

今年6月8日高考那天，河北保定的考场外有一位头发发白、身着橙色环卫服的中年妈妈，一脸焦急地等待着考场内的儿子。儿子上的是寄宿学校，坐学校大巴往返考场，所以她并不确定能否见到儿子，但下班后她甚至等不及脱下工作服，就急匆匆地赶来了，想尽其所能去鼓励一下考试的儿子。当她终于在人群中看见了儿子，便把手里仅有的一瓶矿泉水给了儿子，那一刻，她的眼里噙满泪水。儿子看到母亲黝黑的面孔，关爱的眼神，内心也开始融化，他接过带着阳光味道的矿泉水转身泪目，泪水滑过脸庞。他明白妈妈的付出、心愿和关爱，这份双向奔赴的爱感动了无数人。

我的妈妈也是如此。

上次，我看邻居家养了只兔子，我也很想养宠物。可是妈妈要上班就没有同意，我以为这个愿望就此化为泡影，没想到妈妈却一直把这件事记在心里。

有天放学，我惊喜地发现家里来了两位"客人"——

两只鹦鹉，一白一蓝。那只白鹦鹉上蹿下跳，很是淘气，我给它取名"淘若雪"；那只蓝鹦鹉炸着毛瑟瑟发抖，妹妹叫它"花纹文"。就这样过了两天，晚上写完作业，我突然发现"花纹文"不见了。我焦急地问妈妈"花纹文"去哪了，妈妈说怕它冷，给它保护起来了。

第二天中午放学，我看见"花纹文"又精神抖擞地站在鸟笼的秋千上，便奇怪地问："妈妈，这个'花纹文'怎么好得这么快？它的头怎么变小了，眼睛怎么变大了？"妈妈说："鸟生病瘦了，眼自然就变大了。"我又去观察这只鹦鹉，发现这只"花纹文"并不是之前那只"花纹文"。因为那只"花纹文"腹部有一块似墨水的蓝点，而这只"花纹文"的腹部则全是湖蓝色。在我追问下，妈妈告诉了我真相，原来，那只鹦鹉已经死了，妈妈怕我伤心，又偷偷给我买了一只相似的。知道真相后，泪水模糊了我的眼睛，在谎话背后，是妈妈对我的爱和保护！

现在，我们还小，没有能力报答父母，但可以去理解父母，明白父母的心。爱不是单方面的付出，双向奔赴的爱才最有意义。

 我的读书心得：

小学组

开启"新"世界

——读《昆虫记》有感

合肥师范学院附属西安路学校 2019 级 4 班　孙睿

指导教师　赵心怡

夏日炎炎，酷暑难耐，暑假里我的伙伴们都不愿意出来玩，我只好蹲在小区公园的草丛里，去找我的"老朋友"——昆虫一起玩耍。我和螳螂切磋"拳法"，和蝴蝶比比美貌，和夏蝉一起唱歌……玩得不亦乐乎。也正是因为我和昆虫之间的深厚友谊，让我对《昆虫记》这本书产生了浓厚的兴趣。

我钦佩法布尔的研究精神，他为了观察蜈蚣产卵，可以一整夜都不睡觉；为了观察蜘蛛，可以在粪坑旁待上几小时。为了更好地观察昆虫，他甚至将自己的家变成了实验室。

整个假期我都在想，如果我也去乡野田间观察虫子，也在蟋蟀的住宅旁趴上几个月，我会不会也能成为法布尔？

很快，我就有了成为法布尔的机会。在小区里，我发现了一只瓢虫，它的身体鼓鼓的，像半粒豌豆，鞘翅光滑，黑色的鞘翅上有红色的斑纹。我无比惊喜，连忙招呼伙伴们来围观，企图合力将它抓来近距离一观。

不巧的是，我们的举动引起了瓢虫的警觉，它从叶片上轻轻一跃，迅速伸出了翅膀，像是要极力摆脱我们的"监视"。我和同学赶紧追了上去，没想到这小小的瓢虫竟飞得极快，我们没追几步，它的身影就消失在了树丛中。此刻我只恨自己没有一双蜻蜓的"复眼"，可以精确追踪瓢虫逃跑的路径。

"观察对象逃跑事件"之后，我就知道想当法布尔并不容易，昆虫难找，更难观察。但很快，科学课就给了我启发，不起眼的植物竟也有这么多奥秘：木本植物、草本植物、藤本植物、水生植物……植物一动不动，不能"逃跑"，那我何不观察植物呢？

说干就干，就从小区草丛里最不起眼的蒲公英观察起吧！蒲公英很"低调"，没有鲜艳的外衣，也不挑剔生活环境，它们躲在路边、草丛中、灌木丛里……远远望去，像一柄柄小伞盛开在绿茵茵的草坪上，让人禁不住想走过去细细端详。它独特的波状齿叶在地上铺开，花茎从中间抽出，张开的冠毛团簇在种子上方，像一团白色的毛绒球。一阵风吹过，绒球便四散开来，种子们随风飘荡。这些飞散的绒毛会在新的地方扎根发芽，继续生长，开启新的一段生命历程。

我从书上得知，蒲公英还具有非常高的药用价值，蒲公英的嫩叶和花茎可以炒食、凉拌或煮汤、熬粥，有清热解毒、提高免疫力的效果。妈妈也会采摘新鲜的蒲公英嫩叶和鸡蛋混在一起，做成蒲公英蛋饼，这蛋饼可是我们家饭桌上深受欢迎的一道美食呢！

　　常常被人忽视的蒲公英，也有那么多奥秘。这番观察让我知道，只要有一双爱观察的慧眼，一颗会思考的心，我也可以成为植物界的"法布尔"，开启新世界，写出我的《植物记》。

★ 我的读书心得：

一本神奇、充满糖果味道的书

——读《秘密花园》有感

合肥市曙光小学 2020 级 4 班　李思萌

指导教师　张如霜

"习得爱、释放爱。"在心灵的秘密花园里播下一颗颗爱的种子，将会收获一片绿色，收获一片希望，收获一阵芳香，收获一个绿意盎然、阳光明媚的春天。生活里也许有痛苦，但敞开心扉微笑面对，你将拥有的会是整个美丽的花园。

暑假期间我非常幸运地读了美国作家弗朗西丝·霍奇森·伯内特写的《秘密花园》。书的扉页写着这样的一段话："每个人的心底都有一个秘密花园，它沉浸在美好、有爱和积极的空气里，习得善良诚实、慷慨和一切美的天性。"我很喜欢这段话，就摘抄了下来，并好奇地想：书里面到底说了什么内容？花园里到底有什么秘密？而我又会获得什么？就这样我的"小书迷"模式开启，我打开书津津有味地读了起来。

《秘密花园》这本书主要讲述的是主人公玛丽小姐和他

的表哥柯林少爷的故事。玛丽原本是印度有钱人家的小姐，在一次霍乱疫情中，她的家人都死了，她一夜之间变成孤儿。孤苦无依的玛丽被她的姑父克拉文先生收养，住进了米塞尔斯威特庄园。克拉文先生是这个庄园的主人，他和妻子非常恩爱，妻子死后，克拉文先生也把自己封闭了起来，变得十分冷漠，并且锁上了妻子喜欢的花园，不准任何人进去。生性倔强的玛丽在庄园里没有玩伴，很孤单，单纯朴实、温和善良的女仆玛莎让她感到温暖新奇，玛莎给玛丽讲有关花园的传说，还有她的弟弟迪肯的故事。好奇的玛丽也想看看秘密花园，一次偶然的机会，在知更鸟的指引下，玛丽找到了尘封已久的钥匙，她悄悄地带迪肯来到秘密花园，他们在花园寻找自己的乐趣，感受大自然的魔力和劳动的快乐。渐渐地玛丽变得开朗起来，脸色从苍白变得红润起来，性格也从霸道、孤僻变得随和、亲切了。

书的最后一段是这样描写的："当米塞尔斯威特庄园的主人穿过草坪向房子走过来，他的样子是许多人从未见过的。同时，在他身边是一位高高地昂着头，眼睛里充满欢笑，像约克郡的任何一个男孩子一样有劲儿、稳稳地走着路的就是——柯林少爷！"看到这样一句话，我瞬间被感动了，一颗被爱滋养过的心，即使身处黑暗的低谷，也会执着地寻找自我，闪烁光亮。

通过读《秘密花园》这本书，我知道它所展现的"花园"有两个：一个是真实的花园，充满阳光与生机；另一个是心灵的花园，充满温暖和爱。真实的花园在我们的生活里随处可见，它有阳光的照耀，雨水的滋润，但心灵的花园呢？无论是真实的花园还是心灵的花园，我觉得都不应该装入阴暗、黑色、敏感和多疑，而应种上满园的玫瑰，有明媚的阳光，因为那里是存放所有快乐美好和幸福的地方。就像玛丽打开了秘密花园的大门，开启了神奇的魔力，让孩子从痛苦变得乐观，从虚弱变得强壮，从霸道、乖张、阴郁变得健康快乐、积极向上、充满爱心。

　　小朋友，你们心里有秘密花园吗？这个花园里是鲜花绽放还是百花凋零？是鸟语花香还是黯淡无光？是美不胜收还是满目疮痍？是温暖如春还是寒风萧瑟呢？我也有自己的秘密花园，同时我也想和你们分享一下我"花园"里发生的一件难忘的事。有一次我们班级投票选举"书香少年"，我准备了好久，当时也很有信心，以为胜券在握，到后来却因一票之差输给了我最好的朋友。我特别想祝福我的好朋友，但我做不到，我的心里充满了嫉妒、委屈和不甘。虽然我在班里装成一副满不在乎的样子，但那个时候我心里的"秘密花园"已经是大雨滂沱、千疮百孔。回到家后我再也控制不住自己的情绪，嚎啕大哭了起来，我觉得我成了一个最倒霉的孩子。这时候妈妈安静地坐到我身边，拿一个温热的毛巾给我擦眼泪，最后把我搂在怀里，什么也没有说。等我不哭的时候，她给我倒了一杯热水，说:"孩子,喝点热水吧!"同时也给了我一个无比坚定的眼神。一刹那,我幡然醒悟了,我从妈妈无声的爱中得到了拯救,也获得了一种新生的力量。我明白了:爱,是祝福,而不是嫉妒;是执着,而不是放弃;是勇气,而不是胆怯;是春日温暖的阳光,而不是秋天枯黄的落叶。我相信以后的时光里我自己的"花园"也会有繁花锦簇的那一天。

书中的玛丽,她从爱中得到拯救,也用爱拯救了他人。对每一个饱受成长中不良情绪困扰的孩子来说,这本《秘密花园》将会是一把神奇且有魔力的钥匙,打开他们的心门,进入心灵的花园,播下一颗又一颗友爱自信的种子!

★ **我的读书心得:**

仰望苍穹　逐梦星空

——读《中国轨道号》有感

合肥市望湖小学洞庭湖路校区 2020 级 4 班　郝奕清

指导教师　郝明明

"望华夏之璀璨，看今朝之辉煌。"

"寄希望于少年，少年强则国强。"

——题记

"爱国，是人世间最深沉而又最纯洁的情感，是每一个中华儿女的立德之源、立功之本。"作为新时代的少先队员，我们应当怀爱国之心，扬报国之情，立强国之志。愿以寸心报华夏，且将岁月赠拼搏。

去年四月，我获得了学校读书节活动的"书香少年"称号，非常荣幸获得一本心仪已久的书，那就是——《中国轨道号》。我拿到这本书后就迫不及待地读了起来。读完《中国轨道号》，我的内心久久不能平静。我不仅感受到了20世纪70年代中国航天人对星空、宇宙的憧憬与猜想，看到了那个浑噩与迷茫的黑暗年代里灾难的阴影，更深深体会到了中国人民对美好未来的向往，以及中华民族所拥有的实现梦想的智慧与勇气。

心中有梦想，脚下就有力量。逐梦路上必定要披荆斩棘。1972年春，中央军委决定要将中国第一艘载人飞船送上太空。在那个要资源没资源，要技术没技术，要人才没人才的年代，这简直就是天方夜谭。但那些怀揣梦想的科研工作者们，不惧怕艰难险阻，不在乎物资的匮乏，心中承载着科技兴国的理想，为中国首个载人航天工程付出了超出常人想象的努力，他们用自己的满腔热情和实际行动最终将梦想变为现实。

就像书中说的："无论在什么年代，每个人都必须执着地忠实于自己的梦想，这样生命才能有意义。"同样，作为青少年的我们，在成长的道路上，会遇见艰难险阻、急流险滩。但我们要坚定逐梦的步伐，要相信"一分耕耘，一分收获"，要笃定"全力以赴，定有所成"。未来的路在脚下，每一步的稳扎稳打，都会让我们离梦想更近一步。

向前一步，梦想的模样才会别具一格！

向前一步，梦想的根基方能更加稳固！

向前一步，逐梦的脚步定会铿锵有力！

仰望苍穹，逐梦星空。中国航天人正沿着先辈的脚步，自立自强、创新超越，敢于战胜一切艰难险阻，勇于攀登航天科技高峰。作为新时代的少年，我们要学习中国航天精神，做强国少年，用科学文化知识武装自己的头脑，努力让探索太空的脚步迈得更稳更远，在星河深处映射出属于中国的轨迹。

一起奋斗吧,做那个擦亮星星的人!

夜空中最亮的一颗星,她的名字叫中国!

⭐ 我的读书心得:

读史可以明智

——读《大唐兴亡三百年》有感

合肥市师范附属小学 2019 级 14 班　赵翌鸣

指导教师　郑兆甫

最近我比较喜欢看历史类的书籍,花了两个月的时间终于看完了《大唐兴亡三百年》这套书,感受就两个字——震撼。我仿佛飞到了千年前的王朝,从隋末遍地狼烟到贞观之治、开元盛世,到盛世余晖之元和中兴、大中之治,再到最后的山河破碎,满地兵燹,疮痍满目,我与大唐子民同喜悲。

在看这套书之前,大唐给我的印象是雍容华贵,姹紫嫣红,物华天宝,人才济济。然而,看完这套书我才发现,盛唐之下,充满了无尽的血腥与暴力,每一次皇位的更迭,权力的变换,无不血流成河,尸横遍野。

在大唐一次次的政变、一次次的屠杀、一次次皇权的更迭中,玄武门就像一个旁观者,静静地注视着盛世背后的血雨腥风,在空间上给予我们了解大唐的切入点。

在大唐的前半段历史中,玄武门绝对是见证者,见证了历次最高权力的变更。大唐两段盛世的缔造者唐太宗李世民和唐玄宗李隆基，都是通过发动政变获得皇权，随后带领大唐走向巅峰。

大唐历史的转折点，发生在唐玄宗后期，就是历史上著名的安史之乱。安史之乱结束了唐玄宗的辉煌时代，他失去了都城长安，逃亡蜀地，最终郁郁而亡。而大唐的命运也是相似，虽然安史之乱终被平定，但是再也回不到万国来朝的盛世。大唐像一艘没有方向的船，任何方向的风都是逆风。从此以后，藩镇割据、宦官专政、党争不断成为伴随大唐前进中无法割掉的肿瘤，使大唐走向灭亡。唐朝末年的农民起义是压垮大唐王朝的最后一根稻草，使原本就处在垂死边缘的大唐王朝失去了挣扎的最后机会……

三百年如弹指一挥间，大唐的辉煌，大唐的血腥，大唐的无奈，都在《大唐三百年》这套书中有所体现。读史书，可使我们如乘坐一叶扁舟，在历史的长河中漂荡，看两岸的风云变幻，看各色人物闪亮登场，而又默默落幕。

读史使我们明智。现在我们处在信息量爆炸的互联网时代，每天被各种信息诱惑，一旦那些无用的负面信息占据我们的大脑，我们就会忘记自己的梦想，偏离自己的目标和方向。读一读《大唐兴亡三百年》吧，你会从书中找到自己的影子，找到身边人的影子，你也会从中找到你想要的答案。相信这套书会对语文和历史的学习有巨大帮助，你也会随书中人物的成长窥见些许个人的成长之道。

我的读书心得:

承煌煌之志，将薪火相传

——读《走进课本的科学家》有感

合肥市稻香村小学 2017 级 2 班　汤浅优

指导教师　代红颖

最近，我阅读了《走进课本的科学家》一书，收获颇丰。

这本书介绍了古今中外数位科学家的生平事迹和奋斗故事。这些科学家，来自数学、物理、生物、化学等诸多领域，他们的名字耳熟能详，如雷贯耳——有胸怀赤子之心的宋代博物学家沈括，有忧国忧民的"中国航天之父"钱学森，有被誉为"镭的母亲"的居里夫人，有百科全书式的科学家牛顿……伟大的他们，无一不在自己擅长的领域励精图治，精益求精，为人类科技的进步做出了卓越贡献。

在书中，我读到了许多感人肺腑的故事。伽利略为证实"日心说"，不惜违背教皇的意志，即使遭遇教会迫害被判终身监禁，仍义无反顾地追求真理；爱迪生怀揣朴素的信念，为了找到适合做灯丝的材料，先后尝试了 6000 多种材料，屡次失败却自始至终没有放弃，终于用电灯的光芒点亮了地球的黑夜；居里夫人在破旧的木棚里潜心研究，经历了几万次的实验，最后提炼出能够治疗癌症的放射性元素——镭，而她自己却因为长期暴露于辐射之中患上不治之症……读完这一个个光辉事迹，我既热泪盈眶，又热血沸腾。翻开书页，我仿佛置身于群星闪耀的夜空，每一位科学巨匠，都是一颗熠熠发光的恒星，指引着后世前进的方向。

在书中，我读到了许多金石之言。李时珍说："心如铁石坚，至死不怕难。"牛顿说："辛苦是获得一切的定律。"茅以升说："桥何名欤？曰奋斗。"爱因斯坦说："知识不是力量，探求知识的好奇心才是力量。"他们的句句箴言，都指向同一个真理："做学问要有迎难而上的精神和持之以恒的态度。"正如笛卡尔那句精简而富有哲理的概括："我思故我在。"是的，这些伟大的前辈们，留给后世的不仅仅是理论公式、发明创造，更是一种至高无上的品质——永远葆有强烈的好奇心，对宇宙万物的求知欲和对科学的热忱。

在读这本书之前，我只是一个对科学感兴趣的小学生，当我读到一位位前辈用他们聪慧的头脑和坚强的意志，筑起一座座现代化的科学巨塔，实现一个个从纳米到光年的巨变，在无比景仰与钦佩之余，我竟感觉周身充满了神奇的力量，脑海中有了清晰的方向。我俨然化身为一个"动点"，在数轴上一路向东，在笛卡尔坐标系里奔走跳跃，在虫洞之间纵横驰骋起来!

科学家们的成就,就是我辈奋斗的基石。如今我们躬逢盛世,自当秉承前辈们的煌煌之志,在学校的课堂上,在明亮的实验室里,在一次又一次的成功与失败之中,大胆探索、勇于创新,让科学的火种遍布祖国大地,让东方巨龙在科技进步中扶摇直上。

⭐ 我的读书心得:

在黑暗中呐喊

——《呐喊》读后感

合肥市万慈小学 2018 级 6 班　马誉心

指导教师　夏传文

几个少年怀着远志,在黑暗中呐喊。他们最先醒来,也最先沉睡。

——题记

"有一分热,发一分光,就令萤火一般,也可以在黑暗里发一点光,不必等候炬火。"鲁迅先生的一生完美地诠释了这句话。

小说集《呐喊》描绘了从辛亥革命到五四运动时期的人生百态。《药》中的夏瑜,《狂人日记》中的狂人,《孔乙己》中的孔乙己,《故乡》中的闰土……一个个鲜活的人物,勾勒出当时的社会现状。鲁迅先生为何"弃医从文"?因为在那个动荡的社会,医者只能医人,无法医国。那时的国就像一间"铁屋子",而他成了屋子里醒来的少数人。"然而几个人既然起来,你不能说决没有毁坏这铁屋的希望。"而"希望"这个东西,它是可以创造奇迹的。

鲁迅先生怀揣希望，以笔代戈，为国呐喊，他唤醒了越来越多的先驱者，一起在黑暗里，在泥泞的道路上摸索出一条救国的新路。他们燃烧自己，只为留存一丝光明让后人走得更平稳一些。他们是有信仰的人，即使走向了死亡，那也是向死而生。正如鲁迅笔下的夏瑜，虽没有说过一句话，却发出了振聋发聩的呐喊。他们代表着千千万万的"夏瑜"，他们连成山，连成海，连成一道钢铁长城，他们永不屈服，永不妥协，永不可战胜！

"其实地上本没有路，走的人多了，也便成了路。"一位又一位革命者走上这条路，他们如萤火一般不惧黑暗，终是汇聚成满天繁星，照耀了神州大地，为我们如今的盛世中华奠定了根基。那么，我们这些身处新时代的少年又该如何迎接挑战、实现梦想呢？

"先觉者先行，先行者先至。"我们这一代青少年，身处百年未有之大变局，是这个时代的见证者，更是这个时代的参与者。我们要以敏锐的洞察力和坚定的信念，成为如鲁迅一般具备前瞻性眼光和判断力的先觉者，还要有敢于行动的勇气和决心，将洞察力转化为行动，在未知的领域中披荆斩棘，勇往直前，为后来者铺设道路。

志之所趋，无远弗届；心之所向，行之所往。我将不断地学习、探索、创新，实现自我价值，搭建通往星辰大海的梦想阶梯，铸就中华民族的精神航道。面对未来，我将带着这份信念和目标，发出新时代的呐喊，和更多志同道合的人一起踏上新征程。

⭐ **我的读书心得：**

读经典名著,品百味人生

——读《西游记》有感

合肥市淮合花园小学 2018 级 3 班　费恒煦

指导教师　丁惠

"话说海边有个傲来国,海上有座名山,叫作花果山,山顶有块巨大的灵石,灵石受天地灵秀……"如果说四大名著是中国文化史上的一顶王冠,那么我认为《西游记》一定是这顶王冠上最吸引人、最耀眼的那颗明珠。因为它包含了四大名著的精髓:它既有《水浒传》里跌宕起伏的故事,也有《三国演义》中形象鲜明的人物,还有《红楼梦》里凄美的情节。

就说"三打白骨精"这一经典片段,唐僧认为孙悟空顽劣不堪、恣意行凶,不仅大念紧箍咒,还将孙悟空赶回了花果山。我就在想,孙悟空明明就是为了保护唐僧,唐僧为什么还善恶不分?如果不是孙悟空,他可能早就被白骨精给吃了,还谈什么西天取经呢?就连著名文学家郭沫若看了三打白骨精这场戏后,都大骂唐僧人妖不分,对自己的徒弟也下狠手,并写下"千刀当剐唐僧肉,一拔何亏大圣毛",为孙悟空愤愤不平。

可是细细想来,我们或许都忘了换位思考。我在写暑假作业时正好遇到了一道题目:"对于乞讨者,大家会有同情和反感两种不同看法,你是怎么看待的?"这个问题让我重新思考了三打白骨精这个片段。唐僧之所以觉得孙悟空是恣意行凶,那是因为他没有火眼金睛,分辨不出妖怪,所以在他看来是孙悟空不听劝说,伤害了三条无辜的生命。这样看来,除了要明辨是非,还需要从不同的角度出发去看待问题,要学会换位思考,才能避免产生误会或者矛盾。如果唐僧师徒能够明白这个道理,那么他们也就不会有师徒反目的不愉快了。

回到现实生活中,我想起和妈妈之间发生的一件事。那是一个周六,外面寒风怒吼,而我却因为想打篮球而心急如焚。我跟妈妈说要出去打篮球,但她坚决不同意,说我的作业还没完成,希望我能够分清主次,加上我感冒刚有好转,天冷运动病情容易反复,所以妈妈希望我在家里安心写作业。我一听妈妈这么说,没忍住心中莫名的怒火,大声吼道:"我多穿点衣服不就行了!作业我回来会写完的!"妈妈还要说些什么,但我已经抱起篮球摔门而出。当我想起三打白骨精的这个片段,眼前再度浮现出了自己摔门而出的那一幕,静下来想想,关门的那一刹那,留下的可能是妈妈没说完的话和伤心难过的眼泪。当时要是我能站在妈妈的角度,换位思考一下,我就应该明白妈妈对我的关心和爱。想到这里,我都迫不及待地想要跟妈妈分享下我这次的读书感受啦,虽然事情过去有一段时间了,但是我还欠着妈妈一句"对不起"。

盖天下之宝,唯书最珍贵!每一次读《西游记》都有不一样的感触,这次我学会了换位思考,期待下一次不一样的收获!

⭐ 我的读书心得:

写给保尔·柯察金的一封信

——读《钢铁是怎样炼成的》有感

合肥市和平小学三小 2018 级 3 班　王皓喆

指导教师　崔晴晴

敬爱的保尔·柯察金：

您好！

明知道这封信您收不到,但我依然想向您倾诉我此时澎湃的心情。

当凶神恶煞的瓦西里神父断送了您的读书生涯时,我和您一样痛恨、厌恶这个粗暴、残忍的伪神父,更想在他面前为您伸张正义。退学,这无疑让您原本穷困的小家庭雪上加霜,12 岁的您不得已做了洗碗工。每天工作繁重、劳动量大,我真担心您瘦弱的体格承载不了生活的重担。但您没有向生活低头,您待人率真诚实,干活认真负责,一干就是两年。在这两年中,您受尽欺压,阅尽底层劳动人民生活的艰辛。好在您有一位慈爱的母亲,还有疼爱您的哥哥,他们的爱温润而又坚实有力,让您拥有一颗善良、正直的心以及改变生活现状的勇气。

哥哥阿尔焦姆介绍您到发电厂工作，由此您结识了水兵朱赫来，在他的影响下您一步步走上了革命的道路。您第一次接触步枪时，激动和兴奋的心情溢于言表，您用自己得来的手枪从匪兵手中救了朱赫来，但因此被押进监狱。在严刑逼供下您依然无畏、倔强。我似乎看到您眼神里流露出的对匪兵的憎恶和革命必胜的决心。后来您走遍了乌克兰，和几千名战士一起征战在祖国各地，衣不蔽体，大腿受伤，染上风寒。我似乎跟着您一起亲临战场，感受到了一位布尔什维克青年挥舞着战刀，带领战士们奋勇杀敌的豪迈激情。

战事的发展如暴风骤雨般迅猛，捷报频传。炮火中，烧红的铁片灼伤了您的头，使您遍体鳞伤、意识模糊。您出院后，对昔日的恋人冬妮娅说："我已经不是从前的那个保夫卡了，那时候为了你，我会从悬崖上跳下来，回想起来真惭愧。如今我绝不会跳。我可以不顾生命危险，但不是为了姑娘，而是为了伟大的事业。我首先属于党，其次才能属于你和其他亲人。"多么振奋人心的一席话。您对爱情的奋不顾身转化为对革命、对党的奋不顾身，由小爱转化为对国家、对人民的大爱。多么想郑重而恭敬地对您说一句："敬爱的钢铁战士，您好！"

战争让您双腿瘫痪、双目失明，并伴随着难以忍受的病痛，可您依然不忘学习，时刻心系祖国和人民。

读完您的故事，我的内心久久不能平静，多么想到谢佩托夫卡小镇走一走,去感受您生活过的地方,一睹您拉手风琴的风采,看看聪明的哥哥阿尔焦姆和您可爱的母亲,还有您的朋友谢廖沙,听听您用热烈、自信的口吻和我诉说革命的意义。我曾经对学习感到迷茫,对生活感到困惑,而此刻我像是拨开重重云雾,跨过流淌着涓涓细流的小溪,穿过茂密的丛林,豁然开朗,心旷神怡。您让我明白"时有所学,日有寸进,永不言弃,终有所成"的道理,让我明白"古之立大事者,不唯有超世之才,亦必有坚忍不拔之志"。您如一盏明灯,照亮我前进的道路。

敬爱的保尔·柯察金,您不仅是尼古拉·奥斯特洛夫斯基创作的小说《钢铁是怎样炼成的》中的男主角,更是我心中的楷模。每次读到关于您的文字,都让我有种"苦心人、天不负,有志者、事竟成"的慷慨激情,让我联想到"红军不怕远征难,万水千山只等闲"的豪迈革命气概,让我懂得了祖国未来接班人应该具有怎样的坚强毅力和精神品格。

敬爱的保尔·柯察金,我尊重您、崇拜您、学习您!

此致。

敬礼!

王皓喆
2023 年 8 月 20 日

⭐ 我的读书心得:

远山留胜迹　灯火照后人

——读《远山灯火》有感

合肥市少儿艺术学校 2019 级 7 班　宋馨玥

指导教师　喻红霞

一场场残酷的战争，一次次成长的磨炼，一代代传承的火种，金竹尖上的革命故事，就这样在我们新一代少先队员的耳边回荡着，心中歌颂着。

才将《远山灯火》翻开没几页，我的心便已经飞向了那个战火纷飞的年代，走进了革命前辈梁满仓的生活。残暴的反动派夺去了梁满仓父母的生命，因此他从小便立志要跟着中国共产党干革命，让所有受苦的老百姓都能过上好日子，让所有穷苦的孩子都有学上，都能快乐地成长。长大后，他成为一名光荣的解放军战士，并立下了赫赫战功。进入新时代，梁满仓年老退役，回到家乡隐姓埋名，仍然发挥余热，他亲手创建了"红娃书屋"，帮助并影响了一代代孩子。

书中的梁满仓不仅为国拼搏，更是用自己的力量改变了一代又一代孩子，让红色基因永远传承下去！合上书籍，我认真地思考：难道能为祖国做贡献的只有这些先辈和英雄们吗？当然不是！我们少先队员也能担当起时代重任。"白日不到处，青春恰自来，苔花如米小，也学牡丹开。"我们虽年少，还没有担起重任的能力，但是我们可以从身边的小事做起，刻苦学习，立志成才；从小学先锋，长大做先锋，用知识报国，用科技报国。在前辈们闪闪灯火的照耀下，我们一定可以走得更远，飞得更高！

"远山灯火"不仅照亮了一位深藏功名的老英雄的崇高情怀，也指引和照耀着一代代"红孩子"坚定前行的路。远山留胜迹，灯火照后人。

我的读书心得：

北斗，北斗，我为你骄傲

——读《我的"中国芯"》有感

合肥市行知小学 2018 级 9 班　郝欣玉

指导教师　闵佩蔓

你知道什么是北斗卫星导航系统吗？北斗卫星为我们生活提供了哪些便利呢？《我的"中国芯"》这本书带我认识了"北斗卫星"，启发了我对科技生活的好奇。书的开篇，小芯带领"铁三角"蛋蛋、南柯和阿呆开启了探究之旅，了解了"北斗卫星导航系统"的结构，"＋北斗、北斗＋"为我们的生活带来的便利，让我知道了原来生活中它无处不在。

"铁三角"因为对郑和下西洋与海上"丝绸之路"故事的兴趣，决定用自己知道的知识去探险。征得妈妈同意后，在已经上大学的表哥的带领下，他们去了青芝后山探险。一开始旅程很顺利，谁料突然下起大雨，山间雨雾蒙蒙，大家迷失在了山里。好在表哥经验丰富，上山前记了救援电话，他们在救援人员的电话指导下进行求救，没过一会，救援人员就找到了他们。阿呆很好奇："救援人员怎么知道我们在哪儿的?"表哥告诉他们,救援中心收到信息后,经过导航卫星的定位,电子地图上就会显示出他们所在的具体位置。大家听后若有所悟,对导航卫星技术充满了好奇和钦佩。

从青芝山回去后,"铁三角"对表哥说的导航卫星很是好奇,于是就去找无所不知的"智慧芯"——小芯。小芯为了让他们更直观地了解导航卫星,带着他们乘坐飞行器遨游太空,欣赏卫星的全貌。然后小芯又带他们坐时光回溯机穿越到了古代,领略了指南车、记里鼓车、航海罗盘和航海钟等定位系统在古代的应用。接着,他们参观了全球定位系统,了解到它是由空间卫星、地面监控和用户接收三个部分组成。

这些故事让我想起了上学期学过的课文《千年梦圆在今朝》,毛主席在苏联第一颗人造卫星上天后表示:"我们也要搞人造卫星。"航天人经历了一次次的失败,顶着巨大的压力,在"中国航天之父"钱学森的指导下,于1970年4月24日,在遥远的太空奏响了《东方红》的乐曲。至此,中国成为世界上第五个能够独立发射卫星的国家。2003年10月15日,神舟五号载人飞船升空,向世界宣告中国成为世界上第三个掌握载人航天技术的国家。2020年7月31日,习近平总书记向全世界宣布北斗三号全球卫星导航系统正式开通,标志着北斗迈进全球服务新时代,成为全球四大卫星导航系统之一。

导航技术从航海领域发展到航天领域，经历了漫长的岁月，而今北斗卫星导航系统正在书写新的时空文明。北斗的短报文通信在危急时刻能变成救命法宝，领先的星间链路技术实现了信息的传输和交换，搭载着"中国芯"的技术助力太空遨游，这些无一不让我倍感骄傲！

希望将来有一天我能去太空见识你——北斗。

⭐ **我的读书心得：**

像狼一样勇敢

——读《骑狼女孩》有感

合肥市幸福路小学 2017 级 5 班　张紫娴

指导教师　朱丽叶

生命就像一场旅行，必定会经历许多困难，但是我们不能放弃。英国作家凯瑟琳·郎德尔写的《骑狼女孩》讲述的就是一位勇敢、自由、绝不放弃的小女孩的故事。

菲奥的妈妈是一位驯狼人，专门训练圈养的狼恢复野性，教它们如何捕猎和搏斗，让它们重新获得在荒野中生存的能力。但是有一天，一位名叫拉科夫的将军想摧毁一切令他恐惧的东西，于是带着两个士兵强行闯入她家，放火烧了她们的家，还抓走了她的妈妈。对于一个孩子来说，失去了妈妈就等于失去了全世界。可是她并没有选择放弃，而是勇敢地面对现实。她带着三匹狼——大白、黑子和灰灰踏上了寻找妈妈的旅程。

这本书中最令我难忘的是菲奥在寻找妈妈的路途中所遭遇的各种困难。她和在途中认识的一位朋友伊利亚结伴寻找妈妈，想让生活回归原来的样子。理想虽然很美好，但现实却很残酷。当暴风雪来临时,他们只能抱团取暖。当半路遇到士兵的围堵,一匹狼为了救她而牺牲时,她既害怕又愤怒,她害怕伙伴离她而去,心里有些许退缩,甚至想要放弃。但当她看到伊利亚冻得嘴唇发紫却一声不吭,看到狼群从不后退时,她心中燃起斗志,向前方奔去。她知道妈妈在等她,妈妈会为她的勇敢而感到骄傲。

  勇敢有时并非本能。面对困难时,勇敢成了一种选择。菲奥骑着狼穿过茫茫雪原,每当恐惧来临时,她选择咬紧牙关面对,最终学会了像狼那样勇敢,收获了珍贵的成长经历。经历这场冒险后,她不仅成了一名优秀的驯狼人,而且驯化了自己——更接近自己的本心,勇敢追求自己渴望的世界。

  记得有一次参加歌咏比赛,那是我第一次登上舞台,我站在后台反反复复地背着歌词,生怕演出时出差错。当主持人报到"9号选手请准备"时,我的心里更加忐忑不安,就像有一只小鹿在我的心里乱撞。我慢慢平复着自己的情绪,并告诉自己:"不要心存恐惧,只有勇敢面对它,才能战胜它!"我鼓励着自己。这时主持人说道:"9号选手请上场!"那一刻,我没有犹豫,没有退缩,而是大步流星地登上了舞台。伴奏声响起,听着这熟悉的音乐声,我的心中仿佛燃起了熊熊烈火,可能,这就是勇气吧!

  那次比赛相当成功,我获得了第一名。手上拿着的奖杯是沉甸甸的,我心里无比兴奋。我战胜了恐惧,学会了勇敢，收获了成功。

童话和历史，在这部杰作中完美融合。面对突如其来的变故，一无所有的菲奥，仍然有勇气去寻找正义和梦想，像狼一样坚韧顽强、不怕困难的精神，令人佩服！

⭐ **我的读书心得：**

不忘初心　励志前行

——《红星照耀中国》读后感

长丰县凤霞小学 2017 级 2 班　杜文博

指导教师　王飞

今年暑假我读了《红星照耀中国》这本书,作者是美国记者埃德加·斯诺,他是在红色根据地进行采访的第一位西方新闻记者。1936 年,埃德加·斯诺"铤而走险",义无反顾地冲破国民党的各种"新闻封锁",历经艰辛来到"红色中国"。几个月后一本在世界各国产生广泛而深远影响的《红星照耀中国》(原名《西行漫记》)诞生了。

《红星照耀中国》是第一部向世界介绍中国革命历程的红色图书,在英语文学界获得轰动性影响。它的出版让世界认识到在中国大西北——黄河流域上游,那个古老华夏民族的诞生地,有着这样一颗充满生机与活力的"红星",它就是伟大的中国共产党。

记者斯诺第一个采访的对象是中华苏维埃政府红军指挥员周恩来——一个平易近人、文雅随和、头脑冷静的军人,他为斯诺安排了为期 92 天的行程。于是,斯诺正式开始了他的"红色之旅"。

在这92天的行程中,他采访了许多中国共产党的领袖:毛泽东、彭德怀、朱德、徐特立、林彪、徐海东、林伯渠……还和一些战士、农民、知识分子对话。从与他们的交流和他们的实际行动中,斯诺一步步揭开了关于红色中国的谜:是什么样的力量让中国共产党人在贫瘠荒芜的西北大地上满怀激情、斗志昂扬?是什么样的力量让贫苦百姓勒紧腰带,宁愿自己吃野草,也要把粮食送给红军吃?是什么样的力量让红军战士克服艰难险阻,在敌人的追击和阻击下仍然完成了"二万五千里长征"?……

当我认真读完了这本书时,我发现,他们不可征服的那种精神、那种力量、那种热情就是——理想、信仰、团结、毅力!这种力量是无穷的,一人倒下,后面的人就会顶上,无数革命先烈抛头颅洒热血,换来了中华人民共和国的成立。斯诺在第五章《长征》中写道:"安顺场和泸定桥的英雄由于英勇过人得到了金星奖章,这是中国红军的最高勋章。我后来在宁夏,还会碰到他们几个,对他们那样年轻感到惊讶,因为他们的年纪都不到25岁……"书中多次提到,红军战士和农民们是怎样理解"红军"的,有人说,红军就是穷人的队伍,帮助穷人打地主。今天,生活在幸福中国的我是这样理解的:红军之所以是一支战无不胜的队伍,不是因为他们有装备精良的武器,而是因为他们团结一致,得到了百姓的拥护,他们有人民向心力,有着共产主义的伟大信仰！难怪斯诺先生在弥留之际，用生命的最后力量说出了一句话："我热爱中国。"

再看今天的中国，我们继承着革命先烈的精神信仰：2021年6月17日，神舟十二号载人飞船顺利飞天，五星红旗在太空中高高飘扬；同年7月24日，在第32届夏季奥林匹克运动会上，中国运动健儿杨倩为国争光，一举拿下女子10米气步枪首枚奥运金牌，五星红旗高高升起，闪耀世界。

作为一名中国人，一名六年级学生，我也要做好当前的事情，那就是好好学习，长大后努力为祖国贡献自己的一份力量。我要向革命先烈们学习，心中有理想、信仰，不能遇到一点困难就产生畏难思想。我们肩负着实现中华民族伟大复兴中国梦的重担，它是新的长征，是和当年红军长征一样山水重重的征程。但我坚信，作为共产主义的接班人，我们一定能克服任何困难，让红星普照中国，闪耀世界，让祖国的未来更加繁荣昌盛！

不忘初心，砥砺前行，我们一定能做到！

★ 我的读书心得：

小学组

每个人心中都有一座草房子

——读《草房子》有感

合肥市大通路小学 2018 级 3 班　李锦浩

指导教师　李保鸾

翻开《草房子》一书，读到这样的文字："秋日的白云，温柔如絮，悠悠远去。梧桐的落叶，正在秋风里忽闪忽闪地飘落……"我仿佛走进了画一般的世界：一垄垄麦浪翻滚出乡野的纯美与宁静，竹丛的袅袅炊烟飘过夕阳下的那片金色的草房子，微风轻拂，或浓或淡的荷花香飘散在空中……一切景色都充满了无尽的情趣与诗意。

再次翻开《草房子》时，那些奔跑在无边田野上的小伙伴们令我动容：桑桑充满爱心，坚强面对病痛的折磨；秃鹤对尊严有着执着的坚守；杜小康和细马性格坚韧，在变故中顽强成长……他们让我明白了真正的友谊是无私的付出和关心，是彼此之间的支持和鼓励。在朋友遇到困难时，我们应该伸出援手，帮助他们渡过难关。在朋友取得成功时，我们也应该为他们感到高兴，分享他们的喜悦。油麻地的小伙伴们教会了我珍惜、感恩每一个给予我帮助和支持的人。

书中的杜小康是最令我感动的人物。他曾是油麻地最富有的孩子，然而一次海上事故后，他的家庭状况一落千丈，他也被迫退学。为了帮助父母分担家庭的重担，他不怕苦不怕累，在校门口摆摊卖小商品。即使生活非常忙碌，他也不曾减少对知识的渴望，每天都过得充实。校长桑乔这样赞扬他："杜小康，他不仅自己上进，还能帮助家里渡过难关。日后，油麻地最有出息的孩子也许就是他。"他的经历让我深刻领会到人生的真谛——苦难是人生的巨大财富。我们不能总是在舒适的环境下安逸自满，更不能停止追求更好的自己。只有在不断的挑战、奋斗、抗争中，我们才能够成长为更好的人，走向更美好的未来。

天空、大地、房屋、河流、学校、师生……故事还在继续，那些散落在竹丛与杂花间的草房子，那个被河汊与荷花包围着的校园，它们像一朵朵花，开在了我的心间。

我的读书心得：

星星火炬　无尽光芒

——读《星星火炬》有感

合肥市翠庭园小学 2017 级 8 班　金博傲

指导教师　刘敏

在那曲折炽热的历史长河中,每一寸土地,每一滴汗水,都深深镌刻着隐匿于暗处的英雄歌赋。在《星星火炬》的篇章里,最美的理想在尽情绽放,为祖国大地涂抹上鲜红的颜色。

"红色少年别样红",《星星火炬》通过三十位小英雄生动感人的小故事,展现出他们在战火纷飞的岁月里,为了民族的自由与解放而英勇奋斗,甚至不惜牺牲的革命精神。书中的杨来西付出了他短暂而璀璨的生命,为祖国编织了一首无声的赞歌。童年的他遭受了家破人亡的悲惨命运的打击,沉重与痛楚,如同夜晚的厚重云层压在他的心头,使他对日本侵略者产生了深深的仇恨。这份仇恨并没有将他埋葬在怨恨与绝望之中,而是如同北斗之光般指引他踏上英雄的征途。

从杨来西的故事中,我看到了勇气、决心和理想。他用年轻的生命，为我们勾画了追随信仰和理想的最高境界。在他的身影中，我仿佛看到了生活中那些不为人知的英雄，他们或许未有轰轰烈烈的传奇，却以细微的行动，为这块土地，为这片天空，注入温暖与力量。时代的车轮滚滚前进，我们或许不再需要步其后尘，赴汤蹈火，但杨来西所代表的精神——为了更崇高的使命，愿意奉献一切的气概，如星辰明月照亮我们。不论身处何方，不论肩负何责，我们均应铭记：每一次的付出、每一次的坚守，皆为国家、为人民献上一片真心。

山崖之上的绝命一跳如最美的流星划过眼前，我心中的琴弦为之震颤。那种舍己为国、为民族之大义的豪情，正是如今社会中应去发扬的光芒。对于现在的我，每天最大的挑战或许只是学习，但我意识到，勇气不仅仅是在战场上显现，它同样可以是在我们面对生活中的困难时，不放弃，勇往直前。

在学校里，我常常会因为一个失误、一次不好的成绩而沮丧，甚至想要放弃。但杨来西的故事告诉我，生命真正的价值在于面对困难时的勇气和坚持。我现在面对的困难是一道难题，而未来可能会有更大的挑战，但我相信，只要我有为了信仰和理想不放弃的勇气，我就可以克服一切困难。同时，我开始思考自己作为一名学生的责任和担当，我们生活在和平的时代，没有战火，没有侵略，但这并不意味着我们可以尽享安逸。我们每个人都应该为自己的理想而努力,为自己的国家和民族做出贡献。也许我不能像杨来西那样为国捐躯,但我可以通过学习,不断进步,为自己、为家庭、为社会创造价值。

革命先驱用生命换来今天的美好生活,我们应倍加珍惜,我们应当接过他们手中的星星火炬,在强国的道路上奋力奔跑。"莫等闲,白了少年头,空悲切。"每个生命,在宇宙的长河中都可燃烧为一颗耀眼的星,这不仅是勇气的象征,更是责任的昭示。我们活着,不仅为自己,更是为那些曾经、和即将来到的生命。而那如火的信仰与勇气,已经成为永恒的星辰,闪烁在中华民族的天空中。

鲁迅说:"此后如竟没有炬火,我便是唯一的光。"我相信,每个人都有自己的"山崖",只要我们勇敢面对,我们都可以成为自己生命中的英雄。

⭐ **我的读书心得:**

珍惜当下　感恩前行
——读《童年》有感

合肥市西园新村小学南校 2019 级 10 班　米浩天

指导教师　黄丽丽

今年暑假，我读完了高尔基的著作《童年》。看完后，我的内心犹如一座即将爆发的火山，久久无法平静。我才发现，和主人公阿廖沙比起来，我是如此幸福！在我的童年里，既没有贪婪吝啬的外祖父，也没有自私残暴的舅舅们，有的，是爱我的家人和我喜欢的生活。

童年本来应该是一个人一生中最快乐的时期，就像一首歌《金色童年》里面唱到的："给我金色的童年，让我快乐每一天。一篇一页，一滴一点，都是幸福的纪念……"然而，阿廖沙的童年却让人感到心疼。他在三岁的时候就失去了父亲，母亲和外婆把他送到外公那里生活。他的外公因为家业衰败，性格变得十分吝啬、贪婪和暴躁，有一次甚至把阿廖沙打得失去了知觉。外公家里还有两个自私的舅舅，喜欢喝酒闹事，整日因争夺家产而斗殴。

让我最佩服的是，阿廖沙并没有因为恶劣的环境而变得自私和麻木。这也是因为他的身边还有很多人是正直和善良的。比如阿廖沙的外婆，她充满正义感，怜悯穷人与弱者，还会讲故事，富有爱心，如同黑暗中的一盏烛光，把阿廖沙带进光明。还有他忧郁的妈妈、乐观淳朴的小茨冈，以及正直的老人格里戈里等。作者高尔基为我们描绘了一幅俄罗斯小市民阶层的风土人情的真实图画，表现了当时人民战胜苦难的力量与决心。

与书中所描绘出的童年生活比起来，我觉得自己真的生活在最好的时代。我的家乡合肥曾入选"2022中国最具幸福感城市"榜单，这里享有"三国故地、包拯家乡、科教基地"的美誉，虽然不是全国最繁华的城市，也不是风景最秀丽的，可是在我的眼里却是那样独一无二。在这里，每天走进书声琅琅的校园，我像一棵小树苗，接受敬爱的老师们知识的灌溉；在宽敞明亮的教室里，我和同学们无话不谈，共同进步。在"双减"政策下，我的作业变少了，校园活动变多了，丰富多彩的个性化课程让我体会到玩中学、学中玩的快乐。不知不觉，在知识的海洋中，我慢慢长大。回到家，温柔的妈妈会陪我聊天，严肃的爸爸会陪我玩耍，慈祥的爷爷奶奶为我搜罗美食，我的家里充满了爱的芬芳，我的童年被爱包裹着。

书中阿廖沙的境遇就是高尔基童年的写照。俗话说，"逆境出人才"。即使在这样的艰苦环境中，高尔基依然刻苦自学文化知识，最终成了大作家、诗人、评论家、政论家。和他比起来，我平时在生活和学习中遇到的困难真的都不算什么，我也没有理由不去珍惜当下。习爷爷说过，新时代中国儿童应该是有志向、有梦想，爱学习、爱劳动，懂感恩、懂友善，敢创新、敢奋斗，德智体美劳全面发展的好儿童。希望同学们立志为强国建设、民族复兴而读书。

带着这份嘱托，作为一名少先队员，我也会带着自信和勇敢，不负韶华，争做德智体美劳全面发展的社会主义接班人和建设者！

我的读书心得：

探索自然奥秘,守护生命之光

——读《寻秘自然》有思

西园新村小学北校安大校区 2018 级 3 班 丁思涵

指导教师 王超琴

前些天我读到一副对联——"科技领先,神州铺就千般锦;中华崛起,寰宇共观万象新。"这让我想起了暑假里读的科普作家汪诘写的《寻秘自然》,这本书让我领略到了星辰大海的壮丽与万物生命的珍贵。

通过一次次生命的演化,大自然向我们展示了一幅壮丽而又未完成的画卷。一个个未解之谜,是大自然留给人类的无穷奥秘;一次次物种大灭绝,是科学赐予我们的警示之钟。然而,最让我深思的还是第五次物种大灭绝和以人类为主导的未来要发生的第六次物种大灭绝。当我意识到这个问题的时候,我思绪万千,久久不能平静。

地球生命史上,曾经历了五次物种大灭绝,细数时间,每隔数千万年至一亿多年,就会发生一次,其背后原因,仍是个谜。我们最熟悉的应该是第五次物种大灭绝,即白垩纪大灭绝事件,它发生在约 6600 万年前的白垩纪到古近纪过渡期，包括恐龙在内的80％的物种在那时灭绝。随着科学家寻找证据的深入，谜团接连浮现——为什么恐龙遭遇了灭顶之灾，而其他爬行类动物，比如蛇和鳄鱼，却能逃过这一劫？为什么有一种恐龙幸存了下来，演化成今天的鸟类，它是怎么绝地逢生的？同样的情况还发生在海洋中，所有的菊石都消失了，但是为什么和它非常相似的鹦鹉螺却依然繁荣？还有一种叫有孔虫的浮游生物损失了约92％的数量，为什么和它一起生活的硅藻却幸免于难？类似的还有需要阳光和花粉的蜜蜂、极为"娇气"的珊瑚虫为什么没有灭绝？这些相互矛盾的现象让人难以理解，真是匪夷所思。

疑惑过去，遥想未来。科学家们的统计显示，过去物种总体灭绝速率是0.1，而现在这个数字已经增加到了100倍，并且继续以惊人的速度不断增长。如果按照这个态势发展下去，只需要250年就将发生下一次大规模灭绝事件！因而，生物学家们得出了一个恐怖的结论——第六次物种大灭绝正在发生！在工业革命之前，人类走到哪里，哪里就会发生部分物种灭绝的情况。人类捕猎、森林砍伐，导致大量物种悄然离去。而现在地球不断变暖，种种悄然发生的变化是否预示着一场"惊雷"即将来临？我们人类能在第六次物种大灭绝中幸存吗？

仰望星空，脚踏大地，我在思索：一个人拥有科学精神，可以改变自己的一生；一群人拥有科学精神，可以改变民族的未来。拯救物种、保护地球、守护人类，责任在我，责任在每一代人身上。让我们从小事做起，树立崇高理想，秉持科学精神和追求，共同努力保护地球、探索宇宙，揭开大自然赋予我们的谜团，开拓新的征程。

这个世界是属于我们的，更是属于未来的。让我们齐心协力，以微小努力汇聚成巨大的力量，从证据里找到万物真相，从自然中寻觅科学之光，共同创造一个更加美好、可持续的明天！加油，少年！

★ 我的读书心得：

勤学苦练才有所成

——读《俗世奇人》有感

合肥市竹溪小学少荃湖校区 2018 级 1 班　宋逍羽

指导教师　郑梦雨

漫长而又炎热的暑假，总少不了好书的陪伴，今年暑假我读了冯骥才先生的《俗世奇人》，书中内容处处都让人觉得不可思议、妙趣横生，让我深有所感。

《俗世奇人》描写了 54 位平凡生活中出彩的人，比如酒量奇大、以酒出名的酒婆，刷浆身上却不沾半分白点的刷子李，把泥巴捏得活灵活现的泥人张……这些人都生活在市井，却个个身怀绝技。这使我明白，一个人无论出身有多低微，只要有一件擅长的事，就能在人群中立足，获得大家的尊重。

文章开头的"苏七块"就是一个生动的例子。凡是找他看病的人，都要雷打不动地先交七块银元，否则他可就不接诊。车夫李三折了手，要知道车夫们都是靠一天的收入维持生计，哪有七块银元可供交付呢？最后只能是华大夫借钱给了他。说实话，当我读到这里时，我暗自骂过

"苏七块"！然而，他最后说的一句话却让我思考了良久："您别以为我这人心地不善，只是我立的这规矩不能改。"琢磨透这句话后，我才意识到自己的肤浅。在那个年代，如果他改了规矩，就会有第二个人要求改变，然后是第三个……最终，他会连自己的生活都维持不了。那样的话，他还如何继续帮助他人呢？只有坚持原则，不改规矩，他才能帮助更多的人。

我不仅佩服他的坚守原则，更敬佩他出神入化的手艺和背后的辛勤付出。书中描述了他隔皮接骨的情景，他的双手犹如一对白鸟上下翻飞，动作迅捷如闪电，只听"咔咔"的声音，病人还来不及感到疼痛，骨头就已经接好了。这样熟练的技艺，难道是天生具备的吗？不，这是他经过日日夜夜的刻苦学习，一次次的亲身实践换来的。

读到这里，我不禁想起了我学吉他的经历。第一次学习时，老师总是让我们按弦，我在老师的指导下反复练习，手都磨出了泡，觉得非常辛苦，甚至想要放弃。但是，我想起了"苏七块"，他的手艺又经历了多少个夜晚的练习，又付出了多少辛苦？这一刻，我突然觉得我所承受的辛苦与他相比微不足道，我坚持了下去。

放学后，老师布置了一首曲子，我因为回了老家就没有好好练，当再次上课时，我断断续续的弹奏声飘出来，同学们听了都笑得合不拢嘴，我羞愧地低下了头，下定决心回家一定要多次练习。我知道：只有持之以恒，只有勤学苦练，才会有所成就。一段时间后，我的吉他水平果然提高了很多。可见，只有持之以恒，才能有所收获，只有把事情做好，才能获得大家的认可与尊重。

书中的手艺人，哪一个不是通过勤学苦练变成"奇人"的？只有勤学苦练才能有所成！

⭐ **我的读书心得：**

藏在细碎光阴里的爱

——读《每一次呼啸而来》有感

合肥一六八新店花园学校 2018 级 2 班　王砚炘

指导教师　罗婷婷

读一本好书仿佛是在倾听好朋友讲述自己过往的趣事，而你在其中如痴如醉，浮想联翩。《每一次呼啸而来》中的主人公杜亮亮跟随工程师爸爸见证了鲁南市地铁从修建、竣工到运行的全过程，在团队里他慢慢成长蜕变。书中那沉甸甸的父爱让我甚是感动。

人们常歌颂母爱的伟大，却忽略如山般的父爱，或许是因为自古以来父亲这个角色总给人一种低调且内敛的印象吧！我的父亲平时为人严肃，见人只是点头或微笑，很少与我们说说笑笑。曾经，我认为父亲根本不爱我，因此也不敢太靠近他，常常躲着他。随着我慢慢长大，发现父亲原来是爱我的，只是他的爱没有那么张扬而已。

八岁那年，一个平凡的早晨，我像往常一样坐上父亲的电瓶车准备去上学。他却一反常态地对我说："你长大了，今天自己去上学，我不送你了！"我一脸惊讶，不知如何是好！我才三年级呀，怎么能一个人去上学！我用力摇着爸爸的胳膊，央求道："爸！爸！家离学校远，路上不安全，我害怕，你送我去吧！"可爸爸摇头不作声，态度很坚决。无奈的我只能揣着忐忑不安的心情朝学校走去，心里不断嘀咕："爸爸为什么要这样做？一定是爸爸不爱我！"随人潮穿过路口时，我竟然发现爸爸就紧跟其后，心中的怒火猛地蹿出来，我头也不回地奔向学校。后来，我才明白父亲的真正用意，而爸爸当时内心的挣扎、犹豫却对我只字未提。

今年七月，我们一家四口去游泰山。上下山我们足足用了十一个小时，途中，我有无数次想要放弃的念头，爸爸却一直给我们打气，鼓励我们要迎难而上，不要错过"会当凌绝顶，一览众山小"的壮观景象。返程中，妈妈、妹妹和我拖着疲惫的身体沉沉睡去，爸爸还稳如泰山地开着车，直到凌晨两点我们才安全到家。看着父亲疲惫的身影，熬红的双眼，我猛地鼻子一酸。爸爸怎能不累呢？只是他把这种疲惫悄悄地藏在心里罢了。这一次，我感受到无声无息的父爱的深沉！

以往，我对父亲有太多的不理解，对他的抱怨也从未停止。抱怨他回家太晚，不能和我们一起吃晚饭，抱怨他周末总要加班，不能陪我玩耍，抱怨他在我犯错时太过严厉……现在想来，父亲的爱一直随影而行，他用双手为这个家筑起堡垒，他用生活的点滴教会我做人做事，他用宽广的胸襟教会我勇敢、独立和自信!

父爱如山般巍峨,似海般辽阔。我的爸爸正如书中杜亮亮的父亲一样,用自己的一言一行影响着子女的成长,而这深沉的父爱将一直伴随着我,激励着我,督促着我,让我成为更好的自己。

⭐ **我的读书心得:**

读《鲁滨孙漂流记》有感

合肥市屯溪路小学 2018 级 9 班　钱辰灏

指导教师　李君

今年暑假我和爸爸一起去书店买了一本《鲁滨孙漂流记》,我特别喜欢这本书,回到家后一口气读完了它。读完这本书后,我被主人公鲁滨孙不怕困难的精神所感动。

《鲁滨孙漂流记》的故事是这样的:鲁滨孙出生于一个富有的商人家庭,渴望航海。在第四次航海时,他的船在途中遇到风暴触礁,船上同伴全部遇难,只有鲁滨孙一人幸存,他漂流到一个荒无人烟的孤岛上。面临着巨大的困境,鲁滨孙必须想办法生存下去,他学习了种植和养殖,并利用荒岛上的资源建造了一个简陋但实用的住所。他建立了自己的农场,种植庄稼,并通过狩猎和捕鱼来获取食物。在岛上独自生活了 24 年后,他救下了被当成祭品的食人族男孩,因为当天正好是星期五,所以鲁滨孙把被救的俘虏取名为"星期五"。此后,"星期五"成了鲁滨孙忠实的仆人和朋友。不久后有条英国船在岛附近停泊,船上水手叛乱,把船长等三人抛弃在岛上,鲁滨孙与"星期五"帮助船长制服了那帮叛乱水手,夺回了船只。他把那帮水手留在岛上,自己带着"星期五"和船长等人离开荒岛,重返文明社会。

读完这本书,我深受启发。首先,鲁滨孙在荒岛上面对困境永不言弃。无论是找食物、建房子,还是应对野兽的威胁,他总是充满勇气和决心。这让我明白了遇到困难时,我们不能放弃,而应该勇敢面对并找到解决问题的方法。

其次,鲁滨孙在荒岛上学会了很多技能。他种植庄稼,养殖家禽,甚至利用废弃的船只制作了新的工具。通过不断努力学习和实践,他逐渐掌握了生存所需的技能,这让我明白了学习的重要性。无论我们身处何种境地,只要愿意学习和奋斗,就能够克服困难并取得成功。

最后,鲁滨孙的孤独也给我留下了深刻的印象。他在荒岛上没有朋友和家人陪伴,只能依靠自己度过漫长的岁月。然而,他并没有沮丧或消沉,而是积极适应环境,并通过与动物和自然的互动来寻找慰藉。这让我明白了孤独并不可怕,我们可以通过与大自然的联系和与自己的内心对话来找到快乐和安慰。

总之,《鲁滨孙漂流记》是一本令人难以忘怀的书。通过阅读这个故事,我学到了坚持不懈、努力学习和适应环境的重要性。我从中也明白了孤独并不可怕,我们可以通过勇敢地去迎接挑战并用积极的心态面对生活中的困难。我希望我也能像鲁滨孙一样,在面对困难时能够坚持下去,并为自己创造美好的未来。

⭐ 我的读书心得：

拥有一双发现美的眼睛

——读《春》有感

合肥市桂花园学校教育集团桂园校区 2017 级 4 班　田嘉仪

指导教师　何欢

春天是美好的，春天是充满希望的，春天是崭新的。在朱自清先生的笔下，春天的一切都是生机勃勃的。

《春》这篇文章主要以"春"为题展开描写。从盼望春天，到描写春天，再到赞美春天，向大家描绘了一幅优美的、生机勃勃的画面。

在文章中，作者运用多种修辞手法，表达了对春天的喜爱。如"桃树，杏树，梨树，你不让我，我不让你，都开满了花赶趟儿。红的像火，粉的像霞，白的像雪"。用排比、拟人、比喻的手法，向读者描绘出了各种花的情态色泽，以及花之多和花之艳的特点。除此之外，作者还用"钻"字写出了小草顽强的生命力，用"闹"字生动地描绘了蜜蜂翅膀振动的声音……

是啊，生活中处处都能发现美，正如法国雕塑家罗丹所说："生活中不缺少美，而是缺少发现美的眼睛。"朱自清先生就有一双善于发现美的眼睛,他笔下的春是那么美,春雨淅淅沥沥,像牛毛,像花针,像细丝。春风是多么悦耳,像百灵鸟的歌声,像牧童的笛曲。春草刚发芽,绿得发亮,青得逼眼。

如果你留心观察,这人世间处处都闪耀着独特的美。

美在四季。走在金灿灿的油菜花地里,闻着花香,看着勤劳的蜜蜂采蜜,随手折下一朵插在发间,这不正是春的憧憬?荷塘边散步,赏着粉的、白的荷花,看蜻蜓悄悄停落荷叶,听从远处传来青蛙的呱呱声,真是一派夏的热恋曲!秋风萧瑟,落叶漫天飞舞,随手拾起一片枯叶,却惊喜地发现这竟是由红色、黄色、棕色组成的一幅独特的艺术画——这是秋的沉思吗?一夜风雪过后,白茫茫的路面印着大大小小的脚印,远处的孩子们正欢乐地玩耍,一会儿打雪仗,一会儿堆雪人。这份欢乐,属冬天无疑!

美在神州大地。大美中国,绚丽风光;九州风物,壮美河山。无论是"会当凌绝顶,一览众山小"的巍峨泰山,还是"欲把西湖比西子,淡妆浓抹总相宜"的旖旎西湖,无论是"日出江花红胜火,春来江水绿如蓝"的秀美江南,还是"大漠孤烟直,长河落日圆"的苍茫塞上,都让人神往不已。还有草原的风、天山的雪、沙坡头的沙……行走在我们神州大地的每一寸土地,每一步都是那么踏实与温暖,每一步都是那么骄傲与欣喜!

美在中国科技。坐落于贵州的中国"天眼",宛如宇宙基地，是世界上最大的单口径射电望远镜，它无与伦比的观测速度和灵敏度，使它在未来几十年搜寻地外文明的过程中发挥至关重要的作用！北斗卫星导航系统，是中国自主研制的全球导航系统，可在全球范围内全天候、全天时为各类用户提供高精度、高可靠性定位、导航、授时服务，并且具备短报文通信功能！一株济世草，一颗报国心——屠呦呦团队对于青蒿素的发现，是中医药献给世界的一份珍贵大礼！它可以有效降低疟疾患者的死亡率，挽救了全球特别是发展中国家数百万人的生命。中国科技的高速发展，源于伟大祖国的支持与托底，也源于科学家们对于真理的追求与探寻。

生于盛世华夏，我们的每一天都是光明与崭新的，愿我们都拥有一双善于发现美的眼睛，愿我们都能珍惜盛世的温暖、幸福与和平！

我的读书心得：

读书的滋味

合肥行知小学 2018 级 7 班　孙婧璇

指导教师　李雪

　　书籍，如同沙漠中的一股清泉，在关键时刻给予我们帮助和支持；书籍，仿佛黑暗中的一盏路灯，随时为我们指引方向；书籍，就像花园中的雨露，滋养和滋润我们的心灵。

　　从很小的时候起，我就开始接触书籍。记得那是一本皮质封面的书，里面画着许多图案，有着精彩的故事情节。妈妈会常常给我读那些小故事，我也总是拿着它翻来覆去地看个不停。

　　大约四五岁的时候，我开始接触到了唐诗。那时还稚嫩的我坐在餐桌旁边，听妈妈字正腔圆地读《唐诗三百首》："床前明月光，疑是地上霜……"那些优美古典的诗句给了我无限憧憬。

　　七岁那年，进入小学的我拥有了第一本厚实的书籍《和大人一起读》，我的世界彻底改变了。我用手指着每一个字，慢慢地读出来，每当我遇到与作者有共鸣的地方，我都会兴奋地拿给大人们一起分享。我的书架上不断增加新的书籍。每次抚摸着崭新的书籍，我的心里都会涌动着一种莫名的喜悦之情。

到了四年级，四大名著走进了我的生活。神通广大的孙悟空、好吃懒做的猪八戒、足智多谋的诸葛亮、忠肝义胆的关羽、多愁善感的林妹妹、讲义气的宋江……即使是删减版也让我陶醉其中。

随着时间的推移，我对知识的渴求更为迫切。于是，五年级的我拿起了四大名著的原版。当第一次看到那厚重无比的书时，我真是吓坏了！但随之而来又有一股喜悦油然而生。于是，我静下心来慢慢阅读，每周可以看三四章，在阅读中我仿佛置身于书中的世界。阅读《三国演义》时，每当两国交战的时候，我都跟着情节提心吊胆，当看到七擒孟获的智谋如此出色时，我被诸葛亮的聪明才智折服；阅读《西游记》时，唐僧误会孙悟空的情节让我倍感愤慨；阅读《红楼梦》时，我对林黛玉寄人篱下的境遇和她内心深处的忧伤苦闷感到非常同情；而在《水浒传》中，那些英勇善良、忠肝义胆的梁山好汉更是让我钦佩不已。

阅读自己喜欢的书籍是人生一大乐趣。书籍是我成长道路上最亲近且聪明的伙伴，在书籍的陪伴和引导下，我变得更加成熟。书籍给予我不同层面上的帮助和启迪，我的心灵也在书海中得到了滋养。

⭐ 我的读书心得：

小学组

读《青铜葵花》有感

长丰县阿奎利亚学校 2017 级 9 班　沈奕萱

指导教师　王丽

翻开书本，书中独特的清香伴着习习微风钻进心房，我的思绪落在心爱的书——《青铜葵花》上。

书中讲述了一个城里女孩葵花的故事，因为家庭的原因，她被村里的哑巴青铜一家收留。青铜和葵花虽然没有血缘关系，但是青铜依然把葵花当作亲妹妹般对待。因为贫穷，家里只能供一个人上学，青铜毫不犹豫地让葵花去学校学习。在妹妹演出时，青铜会用冰做一个漂亮的项链给妹妹戴上。家里没有粮食的时候，青铜会冒着鹅毛大雪，去镇上卖芦花鞋。当青铜与妹妹分开时，他每天坐在船头，等待着妹妹回家……青铜用他的勇敢、纯真与善良，默默守护着他的妹妹。

让我印象最深的是《芦花鞋》这一章。因为家里快断粮了，他们手工制作了许多芦花鞋，让青铜去镇上卖。寒风刺骨的冬日，大雪落在空寂的大地上，到了镇上，芦花鞋很是畅销，有个人得知芦花鞋已经卖完时，伤心地朝码头走去。青铜见状，将自己脚上的鞋子脱下来给了那个人，那个人喜出望外，想多付一些钱给青铜，但青铜只收了他该收的钱。青铜并没有因为是最后一双芦花鞋就把价格变高一点，他是多么朴实纯真啊！

这本书还让我明白了家人永远都是最爱我们的。他们会在我们获得奖项时，陪我们一起庆祝；在我们考试没考好心情低落的时候，陪我们分析原因，期待下一次的好成绩……

我的弟弟刚出生时，得到了全家人的关心和爱，爸爸妈妈似乎把我忘掉了，不再管我的任何事情。有一次我考试没考好，那几天一直愁眉苦脸，闷闷不乐，我想去找父母聊聊天，但是看到他们正在哄弟弟睡觉，就打消了这个念头。第二天，我放学回到家看着桌子上有两颗一模一样的糖果和一个小小的信封，心里有些疑惑，心想，这两颗糖有什么不一样吗？品尝后我才发现，一颗是酸的，一颗是甜的。我打开了桌上的小信封，里面写道："有酸有甜才是人生百态。"这时爸爸走了过来，对我说："你觉得有了弟弟，爸爸妈妈都不关心你了，这是你生活中的酸。"听到这句话时，我内心的酸楚化作泪水，顺着脸颊流了下来。爸爸看到之后，轻轻地抽了一张餐巾纸，把我的泪水擦掉，说道："等到弟弟长大以后，你会收获很多你意想不到的快乐，这是你生活中的甜。老师跟我说，你考试没考好，很可能是因为我们都在照顾弟弟，忽略了你，爸爸妈妈以后会多多陪伴和关心你的。"说完这些话，爸爸便出去了。原来，爸爸妈妈一直都在默默地关心我、爱我。

书中的最后，青铜看到了一艘大船驶来，他知道是葵花回来了，他向村里跑去，嘴中艰难地说出了"葵——花——"。正是因为家人的爱和对妹妹的思念，一个哑巴说出了他埋藏在心里很久很久的那两个字。

合上书本，书中独特的清香仍然在心房里荡漾，美中带着情，情中带着美。

★ 我的读书心得：

《地球重生》读后感

肥东县经济开发区中心学校 2019 级 6 班　吴梓豪

指导教师　杨新波

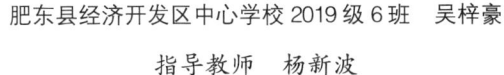

  这个暑假，机缘巧合下，我与《地球重生》相遇，真恨不得一口气把它读完……这本书讲的是：由于地球环境恶化，人类成为太空移民，多年后重返地球，却遭到原住民打击，于是太空人与原住民的战争一触即发。最终，故事的主人公——正义的凯文竭尽所能，阻止了战争，使地球免于浩劫。

  读完这本书，我抬头看着一望无际的天空，一幅宇宙图在我眼前缓缓升起。在广袤的太空中，一颗蓝色的星球映入眼帘，犹如一颗蓝色的水晶球，耀眼而夺目。走近一看，啊！原来是我们和蔼可亲的地球妈妈，她穿着白蓝相间的"条纹衬衣"，外面还披着件淡蓝色的"防晒衣"呢！她是宇宙中最美的一颗星球。地球妈妈不仅美丽，而且无私，她无私地给予人类水资源、矿产资源、土地资源、生物资源，但她从未向人类索取过什么。可是如果人类随意破坏自然，那么在不久的将来，地球妈妈将不再充满活力，而是变得死气沉沉，毫无生机。这可怕的画面在我脑海中一闪而过，我希望那一天永远不会到来。

我想到这几年流行的一些病毒，要不是人类贪婪，随意乱吃野生动物，病毒怎么会打扰到我们安宁的生活？拒绝野味不是每个人心中都应有的一道防线吗？还有人类乱砍滥伐，大量排放汽车尾气，使得气候变暖，冰川融化，从而导致海平面上升，可怜的北极动物们无家可归……这些不都是人类随意破坏地球环境造成的吗？

近年来，极端天气也出现得越来越频繁，我从新闻中得知，长江的水位逐年上涨，造成长江两岸成千上万的人们不得不离开自己美丽的家园，他们中有很多像我一样的小朋友。发生水灾时，有很多解放军叔叔到大堤上去保护我们的家园，在感谢这些素不相识的人的帮助时，我们是不是也要反思一下造成这种灾难的原因呢？

地球妈妈的无私，不代表人类就可以自私。读了《地球重生》这本书后，我更加感受到了地球的珍贵和无可替代性。亲爱的朋友们，不要再做地球的"屠夫"，试着放下手中的"利剑"，去做地球的保护者，珍惜当下，珍惜地球，因为地球只有一个！让我们为地球妈妈添彩，让地球妈妈越来越美丽，我们的生活也会越来越幸福！

我的读书心得:

少年自当扶摇上,揽星衔月逐日光

——读《46亿岁的地球:漫长的前寒武纪》有感

合肥市淮合花园小学 2018级3班 岳丁文

指导教师 丁惠

王安石说:"读书谓已多,抚事知不足。"人类的文明能够薪火相传离不开书籍的力量,离不开千百年来我们对知识的崇尚。如今,科技的发展让获取知识的渠道不断拓展,书籍作为传承知识的古老途径,逐渐式微。正是因为如此,我们更应当清醒地认识到读书明智的重要性。

光阴似箭,日月如梭,转眼就到了暑假,我终于有时间来到书籍的海洋——图书馆。茫茫书海中,我在一排书架的犄角旮旯里发现了一本生动有趣的书,书名叫作《46亿岁的地球:漫长的前寒武纪》,这本书是由中国科学院南京地质古生物研究所冯伟民老师所作。这本书如一道时光之门,带我穿越时空,追寻着地球的诞生和生命的演化,让我感受到宇宙与地球的无限神奇。从这本书中,我了解到地球的诞生与太阳系的形成息息相关:在距今46亿年左右,一个小型的星系——太阳系诞生了,地球也随之形成。

经过 46 亿年的不断发展变化，经历了多次自然灾难和物种覆灭，地球最终演变成了现在适合我们人类生存的样子。

书中还详细介绍了地球在前寒武纪时期地形、地壳的变化以及恐龙灭绝的原因。从书中，我知道了前寒武纪的地质地理特征是很复杂的，前寒武纪的地表表层经历了火山爆发，冲淤作用，侵蚀作用，从而形成了地下和表面的层次，以及各种新的地貌。在此期间，地球的大气层和海洋中的微生物的演化得到了迅速的发展。前寒武纪的火山和岩浆活动，为地球上的植物、动物的发展提供了新的可能性，也为今天地球的生态系统奠定了基础。

读完这本书，我深刻体会到了地球的演变历程是如此漫长，从无到有，从简单到复杂。这让我深深地感受到了地球的宝贵，也让我对地球产生了更加深厚的敬畏之心。前寒武纪是我们可以研究的最古老的地质时代，它比我们想象的要复杂得多，也比我们想象的要神奇得多。从前寒武纪地层反映出来的活动，我不禁惊叹天人合一的美妙。在面对大自然的奥妙与神奇时，我们要去研究它、发掘它、思考它、尊重它。只有这样，我们才能更好地与自然和谐相处。

地球是我们共同的家园，我们每个人都肩负着保护地球的责任。通过了解地球的演变过程，我意识到人类对于地球来说实在是太渺小了。我们生活在这个美丽而宝贵的星球上，该如何共同守护赖以生存的家园呢？作为新时代好少年的我们，应该以积极的行动呵护和保护地球：践行环保理念，参与环保活动，宣传环保知识，倡导可持续发展，为保护地球贡献自己的力量。

少年自当扶摇上，揽星衔月逐日光！

⭐ **我的读书心得：**

初中组

最美的相遇

——读王国维《人间词话》有感

合肥市第五十五中学本部 2021 级 4 班　李润硕

指导教师　路萍

"天青色等烟雨，而我在等你……"收音机里传来《青花瓷》悠扬婉转的旋律，年幼的我和爷爷坐在凉椅上春水煮茶，听雨看花。那时，爷爷教我念"无可奈何花落去，似曾相识燕归来"，念"流光容易把人抛，红了樱桃，绿了芭蕉"，念"杨柳岸，晓风残月"……那一刻我与诗词相遇。在暑假漫长而静谧的时光里，我翻开王国维先生的《人间词话》，那浸满书香的纸页，那柔美动人的语句让我念念不忘。

王国维先生的《人间词话》应是中国最有分量的文学评论集。它字字句句都美，却又怎一个美字了得。没读王国维以前，我以为大师的话都晦涩难懂，读过《人间词话》以后，才惊呼，所谓的大学问便是沉淀下来的极致简约和通透。

为什么晚清学者那么多，我们反复言及、赞叹的只有王国维？我曾想到这样一个形象的比喻，当我们仰望星空时，那璀璨的群星会让人心动不已，我们或许会赞叹一句"天接云涛连晓雾，星河欲转千帆舞"。对于天文爱好者而言，他们会由闪耀的光芒导向具体的轮廓，发现星座。而对于一位伟大的天文学家来说，他走得更加遥远，他熟知每一个星座的组成和位置，以及它的运行规律。王国维便是中国古典美学的星座和宇宙秩序的发现者。与王国维先生这样的美学大师相遇真是我此生莫大的荣幸。我想没有什么比"斯人若彩虹，遇上方知有"这两句诗更适合形容我与先生相遇时的欣喜和感动了。

读多少遍《人间词话》，就会多少次沦陷在王国维先生巧妙的哲思和极简的文辞之中。书中的韵律和文化之美是独属于国人的浪漫，值得我们品上千千万万遍。幼时喜欢柳永的一句词"衣带渐宽终不悔，为伊消得人憔悴"。实际上小时候实在不懂得什么叫作"不悔"，什么叫作"憔悴"，却又对这句词有一种莫名的喜欢。长大后发现许多简析赏评里都惯于将它视为爱情，我再读来便也没有儿时的情有独钟了。但当我读到《人间词话》中对这句词的赏析时，幼时的情感又涌上心头——先生认为这句词可解读成一个人读书即使读到身形消瘦也绝不后悔。我恍然大悟，原来每一句词都可以有不同的解读，原来每一首词都可以读出不同的韵味。

中国古典诗歌的美学，素来有情景之议，简繁之争，风格之论。看《人间词话》让我在繁复的古今争辩中将自己的审美更上一层楼，也渐渐看清古典诗词真正的瑰丽之处。就"情"和"景"来说，世人常有景语和情语之分，可王国维先生却讲："一切景语皆情语。"寥寥数语，却足以让人醍醐灌顶，茅塞顿开。

再以宋词之豪放、婉约两派为例，词论家常将其分个高下，但我却认为两种风格并非对立，而恰恰是一种融合。就像一直以豁达豪迈著称的苏轼，他在《江城子》中的一句"十年生死两茫茫，不思量，自难忘"，让古今多少人读来潸然泪下，肝肠寸断；又如一直被人视作婉约派的女词人李清照，一首《夏日绝句》尽显铮铮铁骨，实在是巾帼不让须眉。我想，如果"风格"成为美学鉴赏的一个标准，那么将会使美学陷入狭隘。而王国维先生却跳出这个思维惯性，提出"境界"美学。我很喜欢先生在《人间词话》中的一段文字："古今成大事业、大学问者，必经过三种之境界。'昨夜西风凋碧树，独上高楼，望尽天涯路。'此第一境界也。'衣带渐宽终不悔，为伊消得人憔悴。'此第二境界也。'众里寻他千百度，蓦然回首，那人却在灯火阑珊处。'此第三境界也。"用"境界"来概括美学，实在是先生的高妙之处。

《人间词话》是一部极美的书籍，堪称中国古词欣赏的典范，是经典中的经典。曾有人说过，读不懂中国诗词，是因为没读过王国维的《人间词话》。这话不假。此书，无一句不美,无一段不雅;此人,无一点不真,无一丝不诚。

想来,生命当真是一场一场的相遇,感谢生命让我在最好的年华遇见最好的导师——王国维,在最美的时光遇上最美的书籍——《人间词话》。

⭐ **我的读书心得:**

铿锵玫瑰

——读《书香岁月——杨绛》有感

合肥市庆平希望学校 2022 级 3 班　王丁娅

指导教师　杜金萍

从前，我对杨绛先生的印象，只停留在百度仅有的两段文字简介上，那两段概括了她一生的文字，其实我也没有细读。现在，我看了《书香岁月——杨绛》，从另一位作家沈小兰的笔下了解了别样的杨绛。她的一生，是一位伟大作家的一生，更是一位有血肉、有灵魂，独立且充满魅力的女性的一生。

比起"杨绛"这个名字，我更喜欢"杨季康"和"阿季"这两个名字，前者是她的原名，后者是她的乳名。看到这两个名字，我好像才真正走进了杨绛的生命里，看到了一个无比清晰的杨季康，立于我的眼前；看到了一个立体鲜活的阿季，跃然纸上。

儿时的阿季，聪明伶俐，乖巧懂事。父亲对她的爱，比对其他的兄弟姐妹都要多一些，老师、同学也都很喜欢这个灵气逼人的女孩。

二十一岁的杨季康遇见了她的真命天子——钱锺书，邂逅了一场神仙眷侣般的爱情。钱锺书曾说："我见到她之前，从未想到要结婚；我娶了她几十年，从未后悔娶她，也未想过要娶别的女人。"这个几近完美的爱情故事终止于杨季康86岁时，她的爱人和女儿相继离世。之后的她，一个人孤单地生活了18年。

我想，杨绛的一生仍然是无比成功且幸福的。在这本书中，还有另一位杨姓女子，她过着与杨绛截然不同的生活，但她也同样让我无比敬佩，那便是杨绛的三姑母——杨荫榆。

杨荫榆没有杨绛那般幸运。儿时，她长得没有姐姐漂亮，母亲也不疼爱她；长大后，美好的爱情也没降临。母亲将她嫁给一个低能的大少爷，她挣扎着生活，似在沼泽里。不过，杨荫榆没有就此屈服，她勇敢地挣脱束缚，摆脱不幸的婚姻，一心投入社会。书中对她的评价是："一个很要强，又颇带几分男人气概的女人。"这恰好是字典中对"女中豪杰"的解释，这也许就是阿季叫她"三伯伯"的原因吧。后来，她留学异乡，受到现代文明的熏陶。学成归国后，她成为中国近代史上第一位大学女校长，并且一生都在为中国女子教育奔走，因为她明白，唯有知识才能改变命运。治校过程中，因为教育理念与当时社会普遍观念不同，她被免职；因为某些事情处理失当，她又受到鲁迅的批评。渐渐地，侄女杨绛也对其不喜。可在抗日战争中，她不畏艰险，挺身而出保护自己的学生，最终命丧日寇之手，悲壮而死。杨绛先生曾说："提及她而骂她的人还不少，记得她而知道她的人已不多了。"这实在是令我感到惋惜和心疼。

不论是杨绛还是杨荫榆，她们都是那个年代少有的、有学识的女子。知识使杨绛遇到了那个能读懂自己，待她如好友般的爱人；知识使杨荫榆摆脱压抑的婚姻，有勇气步入社会，并有所作为。杨绛说过："假如说，人是有灵性、有良知的动物，那么，人生一世，无非是认识自己，洗练自己，自觉自愿地改造自己，除非甘心于禽兽无异。但是这又谈何容易呢。"是啊，这谈何容易呢？我认为，只有不断地学习，才能改造自己。这固然不容易，但生命的意义就在于此。我佩服杨荫榆，她独立、勇敢，不在乎世俗的眼光，哪怕杨绛不喜欢她，"三伯伯"也确实做到了杨绛所说的那样，"世界是自己的，与他人毫无关系"。我希望自己在不断的自我改造中，还能保留一些棱角，坚守自己的内心，不在乎他人的眼光，"但行好事，莫问前程"。

愿这世上每一个女孩都能通过学习知识不断地塑造自我，成为独一无二的玫瑰，美丽、馨香，却不软弱，做一朵铿锵玫瑰，积极向上，富有激情，充满毅力。愿我们都能同杨绛和杨荫榆一样，是坚强与温柔的结合体。祝愿每朵铿锵玫瑰都能在自己人生的道路上怒放。

我的读书心得：

一声狂笑，半个盛唐

——读《李白传》有感

合肥市第四十二中学 2021 级 13 班　张雅欣

指导教师　刘咏梅

翻开《李白传》一书，仿佛打开了历史的闸门……

这是一本关于李白的传记。作者李长之先生以时间为轴，以谪仙为骨，记述了李白的一生，讲述了李白在各个时期的思想、政治认识及个人的情感经历。作者以深厚的文字功底将李白精彩绝伦、浪漫洒脱的一生一幕幕地呈现在读者面前。

眼中有星海梦想，胸中有山河志向。儿时的李白，梦想成为一名刺客，有"十步杀一人，千里不留行"的豪放洒脱。他腰间常常别着一把佩剑，追求"事了拂衣去，深藏身与名"的淡泊名利；向往"三杯吐然诺，五岳倒为轻"的一诺千金。五岁诵诗书，十五撰诗赋，年少之时，李白便已展露出独有的文学天赋。望，庐山瀑布；叹，银河落天。年少时的漫游经历，催生了他与众不同的浪漫气质和博大胸襟。人们常说，身体和心灵总要有一个在路上。我们也应当多出去走走，游历祖国的大好河山。人生会因这一路的风雨跋涉而变得丰富和充实，在我看来，这就是不虚此生。世界那么大，一定要去看看，去拓宽视野，丰富阅历。

"恰同学少年，风华正茂；书生意气，挥斥方遒。"青年的李白想像大鹏一样展翅高飞，一展青云之志，吐心中的那团锦绣。不幸旧唐规定严苛，因身为商人之子，李白不得参加科举，但他并未因此郁郁不乐。怀着"天生我材必有用，千金散尽还复来"的理想抱负，他带诗登门拜访李邕，希望得到引荐。可李邕却因李白年少而拒绝，李白心中愤懑，"宣父犹能畏后生，丈夫未可轻年少"。胸有山河，洒脱不羁也是我们青少年所应具备的品质。在成长的道路上，我们难免遇到挫折，但我们也应有"穷且益坚，不坠青云之志"的坚定意志、"浮云出处元无定，得似浮云也自由"的随遇而安和"仰天大笑出门去，我辈岂是蓬蒿人"的乐观豁达，方能临危不惧、处事不惊，从容解决生活中的问题。

"大鹏一日同风起，扶摇直上九万里。"天宝元年，在贺知章等人的引荐下，李白受命供奉翰林。可他并不能施展抱负，只是玩弄笔墨，称赞权贵，博帝王一笑罢了。当他作《清平调》，摘藻雕章以赞玉环"名花倾国两相欢，常得君王带笑看"时，却也不禁悲愤感慨而歌"烈士击玉壶，壮心惜暮年"，仰天长叹暮年将至，壮志难酬。对于李白而言，入朝当官，胸中空有丘壑，壮志难抵青云。"诗万首，酒千觞。几曾着眼看侯王"也许是他最好的写照。权贵缠身，却束缚自由。他曾让见风使舵的奸佞小人高力士为他脱靴，曾让阿谀奉承的杨国忠为他磨墨，真可谓"天子呼来不上船，自称臣是酒中仙"。在生活中，我们也应坚守本心，坚持自己的理想，不被外界所扰，不被诱惑所困，做不改颜色的孤星，在逆风中把握方向，向着自己的梦想，矢志不渝，砥砺前行。

被官府赐金放还之时，李白选择了归隐漫游。他借酒消愁，以诗为乐，以友做伴。在谪仙人的诗句中，有"一叫一回肠一断，三春三月忆三巴"的难解相思，有"欲渡黄河冰塞川，将登太行雪满山"的徘徊犹豫，有"蜀道难，难于上青天"的坎坷崎岖，有"举头望明月，低头思故乡"的绵绵乡愁，也有"长风破浪会有时，直挂云帆济沧海"的豪放洒脱。李白与好友情深义重，他携杜甫一起抒怀遣兴，"醉别复几日，登临遍池台"；与崔成甫泛舟秦淮，"朝沽金陵酒，歌吹孙楚楼"；同岑勋一起"将进酒，杯莫停"；别孟浩然"孤帆远影碧空尽，唯见长江天际流"。待他游历四方，踏迹无数山河，心中自有乾坤，意气敢道"且乐生前一杯酒，何须身后千载名"。相信胸中有山河，洒脱不羁才是谪仙人的真正写照！

回看李白的一生，有喜有悲，跌宕起伏，但洒脱不羁贯穿始终。"应是天仙狂醉，乱把白云揉碎。"李白的诗，以浪漫、随性而闻名,对后世文人的风格产生了巨大的影响。他的洒脱和乐观,深深影响了许多唐朝以后的诗人,也深深影响了我们。

⭐ **我的读书心得:**

越重山而终见霞

——读《徐霞客游记》有感

中国科大附中高新中学 2021 级 8 班　周羽童

指导教师　周永芬

山涧饮泉、日月星辰、奇松环雾……自然中的美景并非吉光片羽，难以找寻，如若出游一趟，便可览祖国壮丽河山之一隅。而在游览途中，我们会怎样记录美景？恐怕只是拍几张照片吧。然而，今年我在阅读一本书时，才知道原来还有另外一种方式来记录美景。

此书名为《徐霞客游记》，作者是徐霞客。这本书的内容正如其名，是徐霞客游历四方时所记。全书文字质朴少俗丽，内容言之有物，详细记载了他所到各地的水系、地形地势情况，可以说为后世的地理界做出了卓越的贡献。比如他在游览黄山后得出结论：莲花峰比天都峰高。要知道，两峰间相距一千米有余，而海拔只差了仅 54 米，在当时并没有人可以准确说出二峰间谁更高。而徐霞客仅凭借脚力，便得出"万峰无不下伏，独莲花与抗耳"的精准结论，其实力可见一斑。

此外，本书对各地的人文历史也有一定深度的挖掘。每当徐霞客行至某处时，他便会记录当地人民的一些风俗习惯。这样我们在阅读时，也可以了解当地的文化习俗。泱泱华夏，各地民俗习惯天差地别，而这些，徐霞客全部记录了下来。如在《黄草坝札记》中，徐霞客比较了黔滇桂三地居民、集市的不同，使得今天的我们可以了解到明时华夏西南地区的风情。

如果徐霞客生在21世纪，那他完全可以成为一名优秀的旅游文化"博主"了。那为何如今的交通食宿比明朝方便、优质那么多，却极少出现同徐霞客一样的旅行家呢？

我想，是如今的人缺少同他一样的精神吧。

徐霞客拥有的，是不畏艰难的进取之心，是求知若渴的好奇之心，是挑战权威的探索之心，是胸怀天下、四海为家的豪迈之心。最开始徐霞客之所以要出门远游，就是因为他结合水势判断长江的源头若如《禹贡》所言"岷山导江"一样，以岷山为源头，是极不合理的。他又想到，春秋时期有位灵威丈人曾奉吴王命进入林屋洞，找到了记载有夏禹治水的《素书》。徐霞客认为，若能找到那本《素书》，便可查证《禹贡》所言的真伪了。徐母得知后鼎力支持。从此，徐霞客便开始了他的旅程。

可惜，在太湖旁的林屋洞，他并未找到《素书》。但在洞旁，他看见了应是灵威丈人的毛公像。"可能这就是冥冥中注定的吧。"由此，徐霞客更加坚定了探寻长江源头的想法。

他这一路是艰难的。攀高峰、遇强盗……但这些都没有打倒他。

徐霞客北历三秦，南及五岭，途经浙江、江西、湖南、广西、贵州，最后到达云南。在云南的两年中，他日涉百里，风餐露宿，虽因多年跋涉导致身体孱弱，但他仍借半点烛光，记下每日所游至深夜。在考察完丽江后，徐霞客终于解答了少时的困惑，推翻《禹贡》中的岷江为源之旧说，断定金沙江才是长江的源头。虽然在现在看来这个结论并不准确，但在科技极不发达的17世纪，能得出这个结论已经十分难得了。

在徐霞客漫长的十六年游历生涯中，他的母亲、好友相继离世，而徐霞客自己也双足皆废，被人从云南抬回故乡江阴。他付出了太多的辛苦，才让后世的我们看到《徐霞客游记》这部巨作。徐霞客身上那种勇于探索、不畏困难、敢于挑战权威的精神，随着历史的滚滚长河，随着这本书，一起传给了我们。

徐霞客是游历四方的游子，放浪不羁；是挑战权威的勇士，庄严凛然；是踏平高山的冒险家，勇敢无畏；是求知若渴的学子，求真求实。

徐霞客探寻答案的路上必然会有许多许多挫折，高山、激水、峡谷、荆棘……但他都克服了。在人生的道路上，我们也必然会经历许多挫折，它们或是现实的阻碍，或是心里难以逾越的鸿沟；它们或是来自他人，或是来源于自己；它们或是具象，或是抽象。但是当我们如徐霞客一般勇敢地去面对，那我们也能打败它们。我们既是"霞客"，也是敢于直面困难和困惑的"侠客"。

⭐ **我的读书心得：**

深渊中的自我救赎

——读《我与地坛》有感

巢湖二中 2022 级 1 班　肖懿萍

指导教师　王平

当读完《我与地坛》,我被书中字里行间的坚韧和不屈深深地触动:"没有谁的人生不辛苦,唯自渡是最好的解药。"

秋风吹过树林,奏响了美妙的乐章,在秋日暖阳下,微风中枯黄干裂的落叶带着思念飘向远方……此时,菊花正在秋风中沐浴着阳光跳着婀娜的舞。不远处一位身坐轮椅的老者沉默不语,静静地望着、望着……他在思考,思考的正是这个地方成为他命运与思想转变的关键,让他痛苦焦灼的"求死"之心重新复燃,却又在这个地方完成了自我救赎,找到了活着的价值——写作。

轮椅上的老者便是史铁生。

在《我与地坛》一书中,有史铁生先生对于童年的怀念,对逝去时光的惋惜,更有对美好未来的畅想。而"地坛"作为史铁生先生完成自我救赎的地方,像是朋友一般,静静地倾听来自他内心的故事；更像是母亲一样，轻轻地抚平他内心的恐惧与不安；亦如导师一般，耐心地引导给他带来灵感迸发。

年少难行求死心，园中生机解迷惑

史铁生二十一岁那年，厄运降临，双腿无法站立行走。当时他在得不到"能够痊愈"的确切回答后曾寄希望于"上帝"，在目光所及之处的墙上写下"上帝保佑"。尽管上帝让他失望了，他却依旧祈祷着："上帝如果你不收我回去，就把能走路的腿也给我留下！"但是情况并没有好转，他开始变得焦躁，怨恨着命运的不公，排斥着母亲的关爱，求死的念想在心中萌芽，也正在这时他与"地坛"这位朋友结识。他经常一个人去园子中静坐，观察草木昆虫，思考生命在自然中的意义。

他看到祭坛石门中永恒的落日，思考后写下："但是太阳，他每时每刻都是夕阳也都是旭日，当他熄灭着走下山去收尽苍凉残照之际，正是他在另一面燃烧着爬上山巅散布烈烈朝晖之时。"他看到苍黑的古柏，抒写下："譬如那些苍黑的古柏，你忧郁的时候它们镇静地站在那儿，你欣喜的时候它们依然镇静地站在那儿，它们没日没夜地站在那儿，从你没有出生一直站到这个世界上又没了你的时候。"他看到满园的草木，记录下："满园子都是草木竞相生长弄出的响动，窸窸窣窣片刻不息。"这个荒芜却并不衰败的古园，使史铁生感受到生命的真实，也给他带了生的念头。

初识亦是恐惧心，园内自省已坦然

起初读到《秋天的怀念》时并不解史铁生对于母亲的态度为何如此暴躁，再看才发现这其实是出于他内心的一种畏惧。这是一种对他人异样眼光的畏惧，是在一次次重获希望后却又被现实打醒的畏惧，更是他对未来生活的畏惧。在深受内心痛苦的折磨下，母亲的死又深深地刺激着他，将他拉回了现实，拉回了他终究要面对的生活。一句"好好活"回荡在史铁生的耳边，同时他脑中也想起了那个问题："为什么要好好活？"也许是母亲临终前的嘱托，也许是出于自己内疚与不甘，最终他在每一次的自我逼问下，在地坛的每一步徘徊里，在"地坛母亲"的每一声安慰中，找到了自我的价值，找到了活下去的理由和人生的意义，从而也逐渐放下了对未来人生的迷茫。

无论是在地坛遇到的相濡以沫的夫妻，抑或是眼前那漂亮却不幸的女孩，还是努力多年寂寂无闻的朋友，他们的经历都给史铁生带来思考，也给我带来思考。遭遇了，就得接受，并全力以赴去生存。失去了什么并不重要，因为人人都会有所失去，最重要的是如何去努力获得什么！人生中有颇多挫折，而在每一次的挫折之中只有依靠自我强大的意志才能战胜困难。当经历变成过去时，这就是灵魂的成长。如今众多人在生活中恰恰缺少了这一种精神，在遇到挫折和困难时总是自我放弃，自我矛盾，自我欺骗。

无意志如何谈勇敢,如何谈战胜?

"没有"依旧可以重新获得,"失去"也仍然可以笑着面对。这是史铁生用一生去展示和实践的,他的坦然和释怀也让千万的读者读懂了"回首向来萧瑟处,也无风雨也无晴",唯有放下不幸和苦难,才能拥抱人生的新开始。

前往密园欢乐心,寻觅灵感创佳作

当史铁生不再执着于残疾之苦,重新启程,地坛里的一切生机,都为他的写作带来灵感。他带着纸笔,到古园中一个不为人打扰的角落,偷偷地写作,他的生命因写作而丰盈起来。而后他用一个坚韧的微笑去面对苦难,用笔杆去抨击那无边的苦海,用文字去扫除内心的阴霾。就这样他在病中写作,在病中享受生活,以一颗欢乐之心在深渊中寻求自我的救赎。写作给他带来了无穷的乐趣,地坛给他带来了无尽的灵感,地坛中的一草一木都是他隐秘的伙伴,写作中的一字一句都是他灵魂的归宿!

"要是有些事我没说,地坛,你别以为我忘了,我什么也没忘。但是有些事只适合收藏。"这是史铁生对地坛最深情的告白。在他最无助时,是地坛用心倾听他内心的苦楚,用微风吹拂他的"伤口",无声地陪他走过每个难熬的日子,可以说地坛成就了一个坚韧的史铁生,也可以说,"地坛"是史铁生在无边无底的深渊中唯一的救赎。

秋风吹落了瓣瓣洁白的菊花,带走了阵阵菊香,远处一位身坐轮椅的老者望着,望着,回望着那过去的坎坷……

⭐ 我的读书心得：

不要放逐心中的风筝

——读《追风筝的人》有感

巢湖市第七中学 2022 级 13 班　程欣瑶

指导教师　曹丽英

世界本就复杂，哪怕是太阳也会洒下黑色的光斑。读完《追风筝的人》，我对毛姆的一段话深有感触："一个人的个性是个复杂体，卑劣与伟大，邪恶与善良，仇恨和热爱是可以共存的。"

《追风筝的人》讲述了一个少年在成长历程中追求自我救赎的故事，美丽而残忍。善良的花朵在人性罪恶土壤的罅隙中葳蕤。

冷漠

"作恶者胡作非为的背后并非没有你们大家隐匿的允诺。"

当哈森被一群坏男孩围住并遭受暴力时，他最好的朋友阿米尔在做什么呢？

他选择了旁观，选择了逃避。

他以为只要装作不知道，便可躲过一切。可他躲不过此后几十年良心的谴责，也躲不过冷漠所带来的悲楚。而哈森，宁受屈辱也不愿交出象征着朋友胜利的风筝，他如阳光般真诚坦荡，映照出阿米尔的不堪。

黑暗是光明衬托之下才产生的一种比较。

所以，当你面对社会上的罪恶时，是冷眼旁观、转身离开，还是挺身而出呢？不论你如何选择，都要记住：人性中的冷漠与热情是相对的。无论如何，尽你所能就好，但是不要因为冷漠，让自己变得孤独。

承　担

看完这本书后，我对责任有了更深刻的理解，它所包含的内涵很多。或许，责任就是我们最重要的"风筝"。

人间的爱虽微小却不停闪烁。

若不是新闻报道，我永远也不敢想象，真的有人在黑暗中茕茕踽踽，承担着他们本可不必承担的责任。

会有人甘做缉毒警察，一生奉献于无声处；会有人深入一线，为诉讼无果的弱势群体争取权益；会有人甘愿背井离乡，只为解救出被压榨的残疾人……

其实我们每个人，都是追风筝的人。

风筝，是这本书的主线，是亲情，是友情，是正直，是善良，是诚实，是人格中不可缺少的部分。

每个人心中都有"风筝"，无论它意味着什么，我们都要勇敢地去追逐。

救　赎

引导生命于迷茫的唯一手杖是良心。只要心中有光，我们就不会真正迷失。

阿米尔怀着对故友的愧疚，毅然回到了家乡，寻找一条"重新成为好人的路"。

这么多年中，他开始正视自己性格中的弱点，追求人性中的美好。

在得知故友去世的同时，他发现哈森是自己同父异母的弟弟。这次，他没有再无措彷徨，没有再犹豫踌躇，而是决心救下哈森的儿子，一如当年哈森为他做的那样。

内心的冰川融化了，取而代之的是馥郁的花香。

我一直认为，人是多面的：是复杂的，也是纯粹的；是自私的，也是无私的……只是你会选择站在阳光里还是黑暗中。哈森虽生于低贱和苦难中，却一生真诚坦荡；阿米尔虽生来高贵，却长期活在后悔和自责中。可最后那个懦弱自私的阿米尔也得到了自己的救赎，这一刻我相信了：人的本性或许有黑暗的一面，却也永远有一束强光。只要你愿意抓住它，追随它，你的内心就会一片光明。

亲爱的朋友，愿你如哈森，一生粲然、坦荡；若不能，愿你如阿米尔，纵使命运多舛、前路迢迢，也能找到自己的救赎，寻到自己的归宿。

此心光明，亦复何言。

我的读书心得:

初中组

由悟空三离取经团队所想到的

——《西游记》读后感

肥西县桃花初级中学 2023 级 8 班　李欣宇

指导教师　温跃梅

《西游记》是中国古代第一部浪漫主义长篇神魔小说，主要讲述了唐僧、孙悟空、猪八戒、沙和尚四人历经九九八十一难，最后到达西天取得真经的故事。

幼儿园时，我观看了多种版本的《西游记》影视剧，看得津津有味；上小学时，我阅读了《西游记》整本书的图文版、精简版、无删减版，但读得不甚透彻；到了初中，我再次捧读品味，感悟颇多。

读人物，我不仅体会到师徒四人鲜明的个性，还感受到他们在取经过程中的自我完善、自我成长历程。读故事，我不仅读出八十一难情节的曲折，还领悟到故事中的道德、哲学和智慧。比如孙悟空，前期动不动就和唐僧赌气跑回花果山，认为跟着唐僧无法顺利取到真经。但在经历磨难、听完观音菩萨的教诲后，孙悟空开始做出改变，全力辅助唐僧取得真经。从中我们可以看出他的成长，他懂得了宽容与感恩，并做到了坚持不懈。再看猪八戒，前期好吃懒做，一有困难就嚷嚷着要散伙，在经历了"真假美猴王"事件之后，他开始与大家同心协力奔赴西天取经。原来"神魔"也是在经历挫折磨难后才会获得成长。

小说中最引我深思的是孙悟空前后三次的离队。

第一次离队，说走就走。因为打死了贼人，孙悟空被唐僧指责，谁知他将身一纵便走了，没有任何留恋，最后在龙王的劝说下才回心转意。

第二次离队，叩拜不舍。孙悟空三打白骨精后被唐僧驱逐，解释求留无果后，他拔下三根毫毛变出三个自己，四面围住师父下拜，且在云间流连良久才去，十分留恋。这一次孙悟空成长了，性格也成熟了，他没有去计较唐僧冤枉他，只想保护唐僧顺利取经。

第三次离队，求助观音。悟空打杀贼寇，虽认错求饶，仍遭唐僧念紧箍咒驱逐，迫不得已，他找到观音菩萨寻求帮助。此时的悟空不愿半途而返，而是专注修行和追求真理，一切以大局为重。悟空的坚持和意念，传达了一种自强不息的力量。

从悟空三离团队的反应中，我读出了他处事的变化：对取经由被动转为主动，性格由毛躁转为沉稳，情感由不懂感恩到重情重义。悟空在历练中实现了蜕变与成长。

其实取经的艰难像极了人生道路上的坎坷，我们不必担心孤独的黑夜有多可怕，也不用害怕被丛林中的荆棘划伤,更不用为未来漫长的道路发愁。我们要做的就是勇往直前,克服一切艰难险阻。正如孙悟空,既然选择了保护唐僧西行取经,就无惧什么九九八十一难。

其实,从前的我很胆怯。学校组织各种活动的时候,尽管我每次都想参加,但是一次次错过展示自己的机会。有一次演讲比赛,我甚至连演讲稿都写好了,却没有勇气报名。我选择逃避,并不是因为害怕上台演讲,而是因为害怕失败。

这学期,学校又组织演讲比赛了,老师让我和一名男同学通过预选赛来决定代表班级参赛的人选。他行云流水般的演讲,流畅而有力,台下的同学窃窃私语,都认为我输定了。那一刻,我仿佛站在人生的十字路口,不知道是"拱手而降"还是"孤注一掷"。我感到无助和彷徨,心中的无力感越来越强。突然,我想到了《西游记》中,无论妖精多厉害,悟空都会与他们一战,即使被师父误解驱逐也不打紧,因为做了就不后悔。

"试试吧!"

于是,我克服恐惧,走上讲台,演讲结束,不出所料,我输了。但意想不到的是,热烈的掌声像火焰般在空中燃烧起来。我知道这掌声是同学们对我的鼓励和肯定。刹那间,我明白:人最大的敌人是自己,只有敢于直面自我,才能战胜自我。

那次演讲之后,在学习和生活的道路上,我不断向悟空看齐，而不向挫折低头。我不再对未知事物和可能的失败充满恐惧，而是抓住一切机会锻炼自己，向着成功走一步，再走一步。

感谢悟空，你不仅本领高强，能横扫万千作恶的妖魔鬼怪，还能历经磨难不改初心，护唐僧、取真经、成正果。你用勇敢坚毅、执着追求，让自己由"石猴"成长为"斗战胜佛"！也是你让我明白：战胜自我，就是成长；意念坚定，才会成功！

我的读书心得：

读《骆驼祥子》有感

清华附中合肥学校 C2202 班　张小健

指导教师　唐玲珑

落日余晖透过玻璃窗挥洒在了书桌上。火红的霞光照进书房，映红了我的脸。从泛着陈旧气味的书架上我又拿出了那本翻阅许久的书——《骆驼祥子》。

一叹：世事艰难。

老舍笔下的祥子来自乡下，他纯朴善良、敦厚固执。初到京城的祥子吃苦耐劳，他决定拉车，拥有一辆车便成了他的梦想。为了实现这个梦想，他每天省吃俭用，拼命去赚钱，希望通过自己的努力去赚钱买车。经过三年的努力，祥子终于实现了自己的梦想，成为自食其力的上等车夫。在感情上，尽管祥子拼命去摆脱却始终逃不掉刘四爷家女儿虎妞的纠缠，与虎妞畸形的婚姻让他再次出门拉车。然而好景不长，虎妞死于难产，他不得不卖掉人力车去料理丧事。接连的打击让他再也没有勇气去微笑面对生活。他开始堕落，变得厌恶工作，厌恶生活，厌恶整个世界，成为一副没有灵魂的躯体。

二憾：善良陨落。

"人把自己从野兽中提拔出，可是到现在人还把自己的同类驱逐到野兽里去"。读完《骆驼祥子》，我感到一股悲伤逆流而来，曾经勤劳朴实的人最后却变成了社会上人人讨厌的人。我为祥子感到惋惜，现实是残酷的，它总是和理想撞击。我不由得想起了鲁迅先生笔下的人力车夫，他正直、善良，扶起了摔倒在地、头发花白的老人。在那个人人自顾不暇的年代，在那个被社会抛弃、被资本家压榨的底层人物身上，我们看到了黑夜中的一束光。我多想去到祥子身边呐喊："你振作起来啊，你再坚持坚持！"可祥子已在文化之城成了走兽。

三望：初心不改。

和祥子比起来，我们在生活中遇到的困难真的很渺小，在困难面前我们应该学会坚持，不轻易放弃，要乐观积极向上地去面对生活，要学会从另一个角度去看待问题。记得今年我们学校举办校园足球班级联赛，初期因为缺少团体作战意识，大家都在各自为战，虽然每个人都很努力，但是怎么都找不到团队奋战的感觉。面对困难，我们一度想到了放弃。后来经过团队成员互相沟通、互相鼓励后，大家慢慢摸索出团队的风格和作战技巧，后面的比赛我们越战越勇。

很多人都以为成功靠的是天赋，但我认为只有不抛弃、不放弃，在失败中站起来，才有成功的希望。

我的读书心得:

别有一番滋味在心头

——读《杜甫传》有感

庐江县郭河初级中学 2022 级 3 班　袁乐蕊

指导教师　刘新年

是谁在繁盛的唐朝批判着现实？是谁在动乱的唐朝心忧着国家？又是谁始终握瑜怀谨却壮志未酬，在悲愤中离开了人世？

长安十年，他经历过科举，投献过礼赋，巴结过官吏，他看到了长安歌舞升平下的一片狼藉！安史之乱，他久经漂泊，进过监狱，做过小官，饱尝了人生中的起起落落。最终，现实逼迫他做回了自己，他毅然拂袖而去。也许命运让人经历太多的坎坷崎岖是为了成就其更高的造诣。杜子美就是这样一个人，一个愈身处逆境，愈会思考人生、逆流而上的一个人！

他看到了唐朝的江河日下，看到了仕途的希望渺茫，看到了千千万万黎民百姓的疾苦悲凉……

在这满目疮痍的世界里，是什么让杜甫这样坚持到底，这样矢志不渝？我在思考，我明白一个人的理想有多么伟大,多么神圣不可侮;我明白有很多人会执着地追逐梦想,不顾一切阻碍。可是杜甫,在那样一个暗无天日的时代里,在那样一个充满着诱惑的时代里,他何以坚持抱负?在奸臣当道的朝廷中,杜甫的为官理想,也许就是一个梦幻。可就是这样,他到死的那一天都还惦念着"家事丹砂诀,无成涕作霖"。他走得何等痛苦,何等悲壮!

而我现在坐在这里,看着杜甫慢慢成熟,慢慢老去。我看着他写诗、写信、写人生理想!恍惚间,我读到了一种力量,这力量来自心灵深处,它一路披荆斩棘,势若破竹,那是信念,是人格,是杜甫一生的追求。

我理解"致君尧舜上,再使风俗淳"是他不变的信念;"会当凌绝顶,一览众山小"是他心中的蓝图。当他的努力都化为徒劳,奋斗都付诸东流时,他伤心了,"白头搔更短,浑欲不胜簪"。当一切都过去了,一切都稍稍平静了,一场秋雨之后,他还是会感慨"安得广厦千万间,大庇天下寒士俱欢颜"。这是怎样的一种高尚品质。当他自己的身体每况愈下,却依然心系着天下人,他的精神令我肃然起敬!年事已高的他,身体已远不如从前,登高望远时不禁感叹"无边落木萧萧下,不尽长江滚滚来"。这是一个老者对时光流逝的感叹!这是一位诗人对光阴如白驹过隙的感叹!

而今,诗圣已经长眠地下,可留给我的思考却那么深刻。

我想，我再也不会为了一时的困顿而放弃前进，也不会为了一时的碰壁而放弃自己最初的梦想。因为是你——杜甫，让我明白一个人的理想原来那么可敬可畏，是你让我明白，即使前进的路途上再苦再累，也要勇敢地去追求梦想！是的，坚持不一定成功，可不坚持就一定不会成功！你用你的诗篇留下了你的追求，留下了你的爱国之心！

　　当我闭上双眼，感悟着人生，我会为你的执着而喝彩！当我梦想着与你同游，听你吟唱那些琐碎的过往，我会长叹！当我睁开双眼，你似从梦中走来。回首间，你在灯火阑珊处向我挥手。无言的眼神里，尽是断壁残垣！此时的我抬起了头仰望着天空黯淡的颜色，却收起了哀伤，留恋处，别有一番滋味在心头！

我的读书心得：

勇做时代的吹号者
——《艾青诗选》读后感

肥西县上派初级中学 2021 级 9 班　詹紫怡

指导教师　汤大宝

暮色四合，华灯破碎，一切陷入久久的黑暗，旧时代的哀歌从诗中传来。艾青不语，忧郁的眼眸里是战火纷飞的华夏，在那最黑暗的夜里，他高举着火炬，眼里藏着黎明。

读完《艾青诗选》，我感到一种震撼，艾青的脊骨上刻着深沉的坚忍，清癯的身体挑着时代的重担，心里仍是希冀未来，哪怕身处绝望。他是什么？是火炬，是利刃，是飞鸟，还是黎明的吹号人？我亲抚那些黑暗与黎明交界处诞生的诗句，心里有了模糊的答案。

他什么都不是，可又是一切。

旧时代的夜幕里掠过一只披着月羽的飞鸟，他与美丽辉煌的凤凰、蓝头红嘴的王母鸟都不同，他的心里怀着众生，不怕洁白的月羽染上污尘，因为那是他深爱的土地。"为什么我的眼里常含泪水？因为我对这土地爱得深沉……"他将沸腾的热血和灵魂献祭给祖国。大雪落在中国的土地上,飞鸟穿过重重风雪。他顾不上自己身上的镣铐,想的是"中国的路是如此的崎岖,是如此的泥泞呀!"中国的春天在下雪,而他也在自己的生命里孤独地过冬,飞鸟可以栉风沐雨可以拥抱泥泞呀!旧时代为他戴上了 20 年不能写作的桎梏,但他只是一笑置之,我才明白了那句话:"有些鸟是注定不会被关在笼子里的,因为它们的每一片羽毛都闪耀着自由的光辉。"我想或许它就是艾青诗中的飞鸟。

夜色沉沉,绝望的黑暗包围着他,但他心里始终燃着希望的火光。艾青的诗里染上的是杜甫悲悯众生的唐时雨,是稼轩豪迈激昂的宋时风,是中华民族自古刻在血脉里的情怀,还有他所处黑夜的哀沉。但是哀沉与希冀往往交织在一起。"在黄昏里希冀皓月与繁星,在深夜里希冀阳光与黎明……"在那昏沉的乱世里,艾青手持火炬,火炬闪着未来的火光。此火虽微却足以燎原,这火是他用泪点燃起来的。我想了很久,在沉寂的暮色里我有些恍惚。艾青的笔变成了火炬,轻轻便点燃了希冀的原野。

绝望的太阳被埋葬进旧时代的坟墓中。这个没有阳光的国度,埋葬的又岂是一个太阳,一个黎明,一个海晏河清?千千万万腐朽的灵魂随太阳陪葬。但艾青,他紧握着号角,向着太阳升起的东方吹响,激昂悠扬的号声带着纤细的血丝,向太阳礼拜。"我们的吹号者以生命所给予他的鼓舞，一面奔跑，一面吹出了那短促的，紧迫的号声……"吹号者吹出的，是他的生命。吹号者倒下了，但号角仍然在响；执火炬之人离开了，但火炬仍然在亮。我想，他就是时代的吹号者。

吹号者是谁？飞鸟是谁？太阳是谁？执火炬之人又是谁？其实都是艾青。是那个满腔热血一心为国的诗人，是那个始终流浪、始终善良的艾青。在破晓时分，他站在梦境与现实，黑暗里与黎明的交界处，身处黑暗，面向阳光，吹起诗意的号角，声音久久不息……

我的读书心得：

《史记》的深思

安徽师范大学附属肥东实验学校 2023 级 3 班　周天悦

指导教师　范杰

炎炎夏日，我端坐在书桌前，翻开手中这本纸页略微泛黄的书。刹那间，我仿佛跌落时空之外，从黄帝到汉武帝绵延三千多年的历史长卷在我的面前徐徐展开，那些曾经生活在这片土地上的人们仿佛醒了过来，一幕幕或雄壮或哀怨的画面在我眼前演绎着。我迫不及待地向着画卷走去，我将见到我想见到的第一个人。

骤然黑暗，渐渐地，我看清楚了——不远处是一条江，江畔有一个人，身体修长，却披头散发，他徘徊着。我走过去，他是屈原，他的双眼已然凹了下去，没有神采。他踱着步，眼睛直视前方，却又茫然涣散，唯有嘴里念叨着："滔滔孟夏兮，草木莽莽。伤怀永哀兮，汨徂南土。眴兮杳杳，孔静幽默。郁结纡轸兮，离愍而长鞠。"我知道这是《怀沙》，而他将离开人世。"值得吗？"我问道。他回首面向我，凝视了我半响，道："为什么不值？我知道，有很多人说我傻，说我顽固，说我一身才华为何死忠于楚怀王那个昏君。他们又哪里知道，我忠的不是昏君，而是这个国家！我是王族，对于这片生我养我的土地负有责任，我要让这个国家的民众不再受战火之苦，我又何曾在乎过自己的荣辱得失？"他偏过头，看向江水，又吟道："任重载盛兮，陷滞而不济。怀瑾握瑜兮，穷不知所示。"我默默地看着这个悲情的爱国诗人，叹息着走向下一个人。

再度睁开眼，是齐国。不远处，一个人戴着官帽，身着长袍跪坐在桌前，他是鲍叔牙，这个令天下人都称颂的朋友的典范。是他一手将管仲从阶下囚推上了丞相之位，而自己却甘愿放弃相位屈于其下。我走向他，问道："值吗？"他背对着我，叹道："很多人争名逐利，甘为狂驰子，可友情又哪能用金钱来衡量？管仲家贫，又坎坷不顺，三仕三逐，三战三败，天下人都不理解他，只有我知道他是大才，也只有我继续支持他，他才能够坚持下去。丞相之位不过是虚名而已，更何况我鲍叔牙只有治国之才，而管仲却有成就霸业的能力，让他当丞相，也是一种利国利民的举措，又何来不值一说？"我默然，谁说人皆冷血？谁说天下熙熙，皆为利来，天下攘攘，皆为利往？这种坚比金石的情谊，怕也是只有昔日的子期伯牙之交能与之匹敌吧。

蓦然，又是另一幅画面。这是一片荒野，远处一堆人围着一个身长九尺的夫子，那是圣人孔子，一个执着得有些可爱的老头子。此时的他被围于荒野，却面不改色，依旧向弟子们讲授着"君子固穷，小人穷斯滥矣"的道理。"值吗？"我蹲在弟子们中间，抬头问道。他笑了笑，道：

"为何不值?""你奔波于列国,却无人录用,如今落得被围的下场,为何值?""确实如此,但是譬使仁者而必信,安有伯夷、叔齐?使智者而必行,安有王子比干?我虽然不受录用,但我在学问、在礼仪、在做人上问心无愧。而我的弟子们也会将我的学说一代代传下去。尽管当今天下纷乱,我的'仁'不为容纳,但我不会放弃。君子能修其道,纲而纪之,统而理之,而不能为容。纵使不容,我又有何遗憾的?"我看着他,或许只有"夫子之道至大,故天下莫能容"才能形容他的学说。"不容何病,不容然后见君子!"

转身,已是大汉。元狩四年,骠骑将军霍去病率兵大破单于。此时的他,骑在马上,身披铠甲,威风凛凛。我问道:"值吗?""值!"他大笑道:"这一仗打得匈奴人丢盔弃甲,打出了我大汉的威风,守护了我大汉百姓的安宁,为这些,我霍去病吃再多苦,再危险也值。"看着远处的将士,我默然。

"究天下之际,通古今之变,成一家之言。"这是司马迁创作史记时的誓言。也许很多人看《史记》,看到的只是王朝的兴衰,个人的成败。而在我看来,那些只不过是大势所趋、过眼浮云而已,真正重要的是那些人的性格或是品质。太史公用笔于细微之处,描写出人物的内在品质,而这些,都伴随着《史记》的代代相传,成了中华文明的基因。正是有了这些沉淀,我们才有那么多如屈原般诤谏的忠臣,才会有那么多诸如管鲍之交的美谈,才会有那么多如孔子般"穷则独善其身,达则兼济天下"的志士,才会有那么多争赴国难,发出"犯我中华者,虽远必诛"誓言的热血男儿。是这些精神,汇聚成一股力量,支撑起中国人的脊梁,这是史记之魂,也是中华命脉。我们如今学习几千年前的文明,为的正是让这些精神一代代传下去,让它们流传千古,永不褪色!

我的读书心得:

海压竹枝低复举，风吹山角晦还明

——《苏东坡传》读后感

合肥市五十中东校振兴校区 2022 级 1 班　颛孙梧桐

指导教师　周萌

洁白的封面，豆绿的字映入眼帘——"苏东坡传"。困惑，不解，人生短短数十载，何以用得着这洋洋洒洒二十多万字来铺陈展示？我不由得起了兴致，迫不及待地翻开书页想寻求谜底……

流芳百世的诗文是一位诗人曾存在的印记。书本的首页并非老套的各路"溢美之词"，而是林语堂先生从苏轼数以千计作品中挑选出广为后人传颂的佳作。旧黄色的宣纸上，墨色的山群后是被残云所遮的艳阳，在群山远处的江面上正飘着一叶孤舟，一位孤寂之人坐于木舟之上，发出了"大江东去，浪淘尽，千古风流人物"的悲叹；桃树遍布山野，翠竹簇拥在一起，不露一丝影光，如同守卫般包围着屋舍，门前小河水波粼粼，清水敲击岸边的石块，激起水花，两只江鸭浮于碧波之上，被贬之人在岸边赏景，不由得赞叹道："竹外桃花三两枝，春江水暖鸭先知"；山脚下的小溪边兰草才抽出新芽,与溪水嬉笑打闹,松间的沙石小路被春雨洗净,杜鹃鸟的叫声从林中传出,老者拄着拐杖,眼中满是坚定:"谁道人生无再少?门前流水尚能西。休将白发唱黄鸡。"……这些诗词经口齿律动,仿佛从卷册中活过来,将人带回了那个遥远的年代,带入了苏轼平凡又传奇的一生……

正文被分为四卷,分别是童年与青年、壮年、老年和流放岁月。

公元1037年,苏轼出生。幼年苏轼并不似普通孩童般只思玩乐,他饱读诗书,也因此自视甚高。相传,青年时期的苏轼在家门两边,贴了一副对联,上面赫然写着:"读尽人间书,识遍天下字。"一日,一位书生前来拜访,有不识之字,想求教于苏轼,可苏轼高傲地说:"几个字而已,看我给你指点指点!"接过书本,上面复杂的字让苏轼尴尬不已。自此,他门上的对联经过修改变成了"立志读尽人间书,发奋识遍天下字"。通过努力,苏轼成功考上了进士,但母亲突然去世,他毅然决然放弃做官,回家守孝三年。

之后苏轼入朝当官,可他的一生仕途曲折,起初因直言王安石变法有不当之处,被新党排挤,最后离开京都,出任杭州通判。在杭州,他看"水光潋滟晴方好,山色空蒙雨亦奇",观"黑云翻墨未遮山,白雨跳珠乱入船",赏"菰蒲无边水茫茫,荷花夜开风露香"。这些诗作无不显示出苏轼对坎坷仕途一笑置之的乐天本性。

公元1074年，苏轼被调往密州任知州。此时恰逢中秋佳节，孤身一人，身处异乡的苏轼，倍加思念弟弟苏辙，望着皎洁的明月，他写下脍炙人口的《水调歌头·明月几时有》，在半醉半醒之间用"但愿人长久，千里共婵娟"向弟弟表达深深的思念之情，让人为之动容。

公元1079年，苏轼因遭他人陷害，锒铛入狱，史称"乌台诗案"。在众人求情之下，他被贬至黄州。在此期间，他为后世留下了大量诗词作品，这些作品无不表达着他的态度："竹杖芒鞋轻胜马，谁怕？一蓑烟雨任平生"的旷达乐观；"大江东去，浪淘尽，千古风流人物"的怀才不遇……

公元1101年，苏轼于回朝赴任途中病逝。

苦难贯穿了苏轼的一生，入朝后数次被贬，对于任何一个人来说都是致命的打击，可是苏轼笑对坎坷人生。正如作者林语堂在书本的最后所讲述的那样，"苏东坡已死，他的名字只是一个记忆，但是他留给我们的，是他那心灵的喜悦，是他那思想的快乐，这才是万古不朽的。"读及此，我方才明白，二十余万字写完了他生平的浮浮沉沉，却道不尽他乐天而又悲悯的一生。贬至边远之地，不会消沉堕落，反倒是赏美景、品美食地享受生活，书写诗词激励他人笑对生活，他的人生真正诠释了何为"世界以痛吻我，而我报之以歌"。

我的读书心得：

与鲁迅一起朝花夕拾

——读《朝花夕拾》有感

合肥北城中学 2022 级 1 班　杜静怡

指导教师　蒯正聪

褪去懵懂,渐渐长大,跋涉未知的前路,我们也不忘回首那些旧事与过往,留一些感动给自己,读一些启示给人生。于是,翻开了鲁迅的《朝花夕拾》,从鲁迅回首的目光中,我们能读到对于生活的启示和关于人生的启迪。

校园里总流传着"一怕文言文,二怕写作文,三怕周树人"。在很多的语境中,鲁迅常成了"横眉冷对"的刻板符号,而当我真正走进《朝花夕拾》,我谋面了一位人情丰盈的鲁迅,幸会了一个棱角分明的周树人。

在鲁迅先生回首"朝花"的文字中,我嗅到了生活的醇香。我尤其喜欢读《从百草园到三味书屋》,它是一篇纯粹、快乐、天真的童年回忆。每个人的童年都有一座乐园、一方净土,鲁迅也不例外。听老师说,真实的百草园并不像鲁迅记忆中那样神秘和新奇,鲁迅记忆中的百草园,草木花鸟迷人,故事传说奇异,全在于鲁迅对童年美好光阴的憧憬和想象。书屋里有着一群可爱的同窗和博学和蔼的私塾先生，即便是看似枯燥的私塾生活也别有一番乐趣……鲁迅通俗经典的文字中，散发着生活的趣味，这正是他给我们的启示：爱生活。石井栏、皂荚树、桑葚、蜡梅、斑蝥、云雀、蜈蚣……都是孩子眼中生动的风景；游戏，读书，描像……无不是生活赐给童年的精彩。鲁迅，并不似传言那样可怕，他的童年色彩与我们的童年真趣就在新书的墨香里邂逅，一起氤氲成诗。

在鲁迅"夕拾"的孤独身影中，我读出了人生的况味。《阿长与山海经》写出了作者儿时对《山海经》的渴求，展现了一个孩子对未知世界的好奇，在对长妈妈的朴实描写中，表达了作者对阿长的尊敬、感激和怀恋；《范爱农》中对正直倔强的爱国者的同情和悼念；《五猖会》里对儿童天性的拯救与呼唤……全是作者冷峻的外表下不易被人察觉的可贵温情，鲁迅的文字，让这场跨越时空的邂逅充满暖暖的春意。

走进《朝花夕拾》，在鲁迅冷峻的目光里，我读到了人格伟岸的鲁迅。《藤野先生》中只几个生活片段，就真实地讲述了他人生成长与思想历程的重要转变，作者浓烈的爱国情怀、强烈的民族自尊心让平淡无奇的生活片段光彩夺目。走进《朝花夕拾》，在鲁迅坦荡的襟怀中，我读到了思想丰满的鲁迅，把脉民族的病症，书写激扬灵魂的字句，爱憎分明，不负年华。鲁迅之所以能成为时代的精神标杆和旗帜，正是因为他矢志不渝的爱国之情和他为民族而奋起的坚持和作为。鲁迅是那个时代也是这个时代值得信赖的人。在鲁迅弃医从文的坚毅中，在鲁迅笔作投枪的厮杀中，我邂逅了自己精神成长永远的楷模。

读着《朝花夕拾》，读着鲁迅生活的真实，思想的真实，就是与鲁迅一起"朝花夕拾"，甚至，我萌生了要去读鲁迅冷峻的杂文的冲动，想要去领略鲁迅更深邃的思想灵魂，去感受鲁迅更迷人的精神魅力。

与鲁迅一起"朝花夕拾"，期遇一个爱国且正直、阳光亦深沉的自己。

我的读书心得：

鲁莽比怯懦更接近于真正的勇敢

——读《堂吉诃德》有感

巢湖市第七中学 2021 级 12 班　肖思源

指导教师　谢樊丽

有一个传闻，西班牙菲利普三世在王宫阳台上看见一个学生边看书边狂笑，他说："这学生一定在看《堂吉诃德》，不然一定是疯子。"的确，《堂吉诃德》就是这样一本充满魅力的小说。

《堂吉诃德》是一本反骑士小说，书中描写了"哭丧着脸的骑士"堂吉诃德种种疯疯癫癫的行为，他将路上的风车当作作恶的巨人，乱砍一通，导致自己浑身是伤；他将过路的绵羊当作来袭的大军劲敌；他将村妇杜尔西内娅认作绝世美人兼爱人，日夜痴情；他将公爵夫妇捏造的种种玩笑当真，相信桑丘自打三千鞭就可以让杜尔西内娅脱离魔咒，由粗鄙村妇变为绝世美人。他把真的当假的，却把假的当真的，他将好事归结于自己的本领，将坏事都当作是魔术家在玩弄他。

世人皆笑他愚蠢与疯癫，我却敬重他。他始终对理想保持着纯真的信仰，以谦卑、忠诚、坚毅的骑士精神来约束自身，并把理想付诸行动，不惧怕任何困难与阻碍。正如堂吉诃德大战风车一般，风车就像生活中的困难，多数人会选择绕开，而堂吉诃德却发起了冲锋。明知不可为而为之，尽管有一万种不可能，他仍然会为心中的目标勇往直前，就像书里所说的，"鲁莽要比怯懦更接近于真正的勇敢。"

不管别人如何看待他，堂吉诃德自己是自得其乐的，在他的认知里，自己就是一位以除暴安良为己任的真正的骑士。堂吉诃德有不可动摇的信仰，正是这信仰支撑着他走下去，不顾别人的嘲讽与白眼。这让我想到七堇年在《尘曲》中所写的："凡心之所向，素履所往，生如逆旅，一苇以航。"

无源之水会干涸，无本之木会枯萎，无线的风筝也终究会从天空坠落。而梦想就如同水之源、木之本，滋养着我们的心，又如同风筝的线，始终牵引着我们不失方向地高飞。没有梦想就好似漂泊在荒野，当心被梦想填满，我们的人生便处处是繁花。

理想与现实相差甚远，我鞭长莫及，却也马不停蹄。克雷洛夫说："现实是此岸，理想是彼岸。中间隔着湍急的河流，行动则是架在川上的桥梁。"行动维系在现实和理想之间，一个人如果只是语言上的巨人，行动上的矮子，那么他即使拥有再伟大的理想，也必定无法到达河流的彼岸，无法撷取成功的果实。

梦想要经过现实的打磨，才能变得更立体，要经过汗水的浇灌，才能变得更确切。纵然我疲倦无力，也要用伤痕累累的双手去摘取遥不可及的星辰。让我们迎着朝阳，披荆斩棘，踏上征途。

⭐ 我的读书心得：

通古今之变,成一家之言

合肥北城中学东校区 2022 级 5 班　陈泽峻

指导教师　余星童

"虽背《春秋》之义,固不失为史家之绝唱,无韵之《离骚》矣。"鲁迅先生如此评道。这本书是我国历史文化长廊中最耀眼的著作之一,它以翔实的材料、独到的见解与华美的文笔于文学史中大放光彩,它就是位列"二十四史"之首的《史记》。

《史记》全本共 130 篇,书中几乎囊括了当时人们思想活动的全部内容,可谓是一部百科全书式的鸿篇巨制。太史公司马迁以酣畅淋漓的笔触,浓墨重彩地展现了波澜壮阔的历史画卷,以一系列的故事塑造了无数个性格鲜明的历史人物。

历史"黯淡了刀光剑影,远去了鼓角争鸣",在几番起落中,又逝去了多少英雄豪杰。而品读《史记》,就仿佛跨越了时间,走进了历史长河。

"力拔山兮气盖世,时不利兮骓不逝,骓不逝兮可奈何,虞兮虞兮奈若何。"这是西楚霸王项羽被困乌江、四面楚歌之时的绝唱。"天之亡我,我何渡为!"他挥刀自刎,斩断了一统江山的野心，也斩断了对美人的留恋。手起刀落，他从容倒地，英雄无悔！项羽将血染河山，与自己心心念念的江山融为了一体。

"世溷浊而嫉贤兮，好蔽美而称恶。"当初，楚襄王听信奸邪，流放屈原到汉北那荒凉之地。在去往汉北之际，屈原望江而叹，歌《离骚》，文采飞扬却又悲亢苍凉，一声声叹息随呼啸的江风荡于江上。这是屈原面对"举世皆浊我独清，众人皆醉我独醒"的境地时无奈的悲歌啊！待到楚国走向亡国之路时，屈原纵身投江，悲愤而壮烈。

"为子死孝，为臣死忠，死又何妨！"这应该是专诸的座右铭了。专诸在外酷爱打架，但一回家就十分孝顺母亲，可谓尽到孝子之义。作为臣子，他也精忠君主。吴王僚无能，公子光（即阖闾）从伍子胥处请来专诸刺杀吴王僚。专诸为报知遇之恩，在一次宴会上，端着鱼走向僚。鱼肠中有把短剑，他只需要用那把剑刺死僚，就可以完成自己的任务，可僚身后的卫士必定不会放过他。最终他勇猛地拔出剑刺向僚，果不其然，他被卫士们砍成了肉块。但他毫无悔意，他用生命换来了吴国的富强，也完成了母亲对他的期望——"杀身成仁，名垂青史"。

司马迁在《报任安书》中写道："仆窃不逊，近自托于无能之辞，网罗天下放失旧闻，略考其行事，综其终始，稽其成败兴坏之纪。"他以"不虚美，不隐恶"的态度记述历史，他对英雄的讴歌让人沉浸其中，喜其所喜，哀其所哀。让我们跟随史书去追寻古人的足迹——感慨曾经的人生百态，缅怀曾经的人情往事，惆怅曾经的爱恨纠纷！

⭐ 我的读书心得：

不以成败论英雄

——读《人类群星闪耀时》有感

合肥市五十中天鹅湖校区 2022 级 19 班　吴千寻

指导教师　张曼曼

重新翻开沉重的书页，14 个沉甸甸的故事萦绕在心头。

是那因一扇门而沦陷的拜占庭，还是因那一分钟犹豫而导致的败北，或是那征战南极时的悲痛绝望。你听，那是历史在呼吸，它的鼻息声震耳欲聋，宛若矫健有力的苍龙，嘶吼着冲破胆小懦弱的云层。

"传记之王"茨威格的《人类群星闪耀时》是一部全球赞誉的杰出作品。书中包含 14 个深远影响人类文明的历史瞬间、14 个改变命运的关键时刻的传奇故事。

这本书与众不同的讲述方式，打破了我对历史书籍的偏见。茨威格的作品充满了视觉冲击力，描绘出人物的心理状态，让人们在阅读中受益匪浅。其独特的历史视角让我深刻地感受到人类历史的变迁，他的十几篇特写让我们更加清晰地认识到，伟大的人物不仅仅是亨德尔、列宁、菲尔德等成功的人，也有拿破仑、斯科特、威尔逊等失败的人，后者的努力和牺牲，也为历史的发展做出了重要的贡献。读这本书的时候，历史的画面仿佛就在阅读和想象中浮现在我眼前。茨威格的作品深刻地揭示出，即便在不经意的瞬间时刻，人类的历史也会发生巨大的变化。《滑铁卢的一分钟》描述了由于格鲁希的顽固和鲁莽，拿破仑兵败滑铁卢，令人深思；《攻克拜占庭》则描述了凯尔卡门如何帮助奥斯曼帝国摧毁东罗马帝国，令人惊讶于命运的安排；《夺取南极的斗争》展示了英国冒险家斯科特带领的队伍，他们以极大的毅力、决心、智慧以及坚定的信念，成功完成了任务，令人赞叹不已。

合上书本，那些动人心魄的故事、那些令全球惊叹的时刻、那些闪耀光芒的历史人物，都深深地刻在我的脑海里，让我的心情难以平静。这与我们传统"成王败寇"的英雄论有所不同，失败者也可以成为茨威格笔下闪耀的辰星。"世家陈涉，本纪项羽"是史学界的一段美谈，司马迁亦不以成败论英雄。穿越历史的时空，两位伟大的作家对英雄的定位竟如此相似，所见略同。

不以成败论英雄，陨落亦可闪耀，让我们看到了英雄的气概。

拿破仑虽然兵败滑铁卢，遭到流放，因他人错过了决定命运的一分钟而失败，但是他仍然是一位英雄，是一位伟人。在绝大多数欧洲人的心里，拿破仑不仅仅是法国人，他更是一位"伟大的欧洲人"。拿破仑帝国的历史，可以说是整个欧洲共同的历史。在中国历史上，项羽无疑是中华民族史上令人敬仰的悲剧英雄，他以西楚霸王之称闻名于世，让天下小儿不敢啼哭。当他失去了挚爱虞姬，又面临着十面埋伏，他不愿苟且偷生，自刎于乌江，最后连一块骸骨也未曾留存。

不以成败论英雄，是一种豁达的态度。因为，英雄自有英雄的品质。"风萧萧兮易水寒，壮士一去兮不复还。"送行的风是悲壮的，慷慨赴死的壮士让人敬佩。苏武出使匈奴虽未能完成使命，被扣留了十九年，流放到北海放羊，他始终没有投降匈奴，一直坚守着对国家的忠诚，这种坚定的信念和崇高的品德流芳千古。诸葛亮为报答刘备三顾茅庐的知遇之恩，忠心耿耿辅佐刘备及刘禅，一心一意恢复汉室，以行动兑现了"鞠躬尽瘁，死而后已"的诺言。虽"出师未捷身先死"，但足见"两朝开济老臣心"的操守，使其成为几千年来中国最有名的宰相之一，其人格魅力在历史长河中熠熠生辉。

失败或是成功，都是历史进程中的一部分，都值得我们去了解和学习。我们应该从不同的角度来看待人类历史上的成败。

茨威格曾经说过："历史就像一场旅程，失去的瞬间永远无法重现，一个小时的错误可能一千年的时光都无法挽回。"我们虽然无法成为历史上的明星，但是我们可以坚定信念，抛开浮躁，不断努力，即使未能达到理想中的目标，也可以成为自己的英雄!

⭐ 我的读书心得：

世界以痛吻我，我却报之以歌

——读《苏东坡传》有感

合肥新站实验中学 2022 级 20 班　王楠

指导教师　陈鹏

"莫听穿林打叶声，何妨吟啸且徐行。竹杖芒鞋轻胜马，谁怕？一蓑烟雨任平生。"烟雨朦胧中，苏轼笑对穿林打叶的风声。从这几句短短的诗中，便足以见得苏轼的人生态度。

我抱着《苏东坡传》，兴高采烈地坐在桌旁，静静地翻看着属于苏轼的人生。

苏轼是谁？他是北宋时期的诗人，美食家——东坡肉就是他发明的。他出生在一个书香门第，从小就受到良好的家庭教育与文化熏陶。年仅 20 岁的他，参加了"千年科举第一榜"，并且在众多考生中脱颖而出。那时的他心怀壮志，想在官场中施展自己的抱负。可惜事与愿违，苏轼因在宰相王安石面前直言不讳地批判变法的种种不好，触怒了当时的新党一派，几次遭到陷害：因"乌台诗案"，被贬黄州；因不想掺和不堪的党争，被贬惠州……兜兜转转，反反复复，花甲之年的他乘着一叶扁舟到了荒凉之地——儋州。

风过林梢，我合上书，轻呼一口气，刹那间湿红了眼眶。我为苏轼打抱不平，他仅仅只是为民着想，却遭受如此不公的待遇。我想如果是我，应该早已自暴自弃、怨天尤人了吧。世界以痛吻我，我何来对它强颜欢笑呢。好奇东坡会怎样做，我又一次翻开了书，却发现苏东坡竟笑对人生。

"天下熙熙，皆为利来，天下攘攘，皆为利往"。在那个利益至上的时代，苏轼依旧"一片冰心在玉壶"。他捧着一颗心来，不带半根草去。被贬时"回首向来萧瑟处，归去，也无风雨也无晴"；中秋佳节思念弟弟子由时写出"但愿人长久，千里共婵娟"。这些无一不透露着苏轼的海纳百川、有情有义。看来，我终究还不能达到东坡那样笑对人生的境界啊！

我沉思，苏轼的人生并不是一帆风顺的，相反，他在官场中摸爬滚打，浮浮沉沉，道路坎坷。人生亦是如此，生活从来不会一帆风顺，风雨兼程才是人生旅程常态。

回想去年校运动会，我一时兴起报了1500米长跑。当真正在塑胶跑道上训练时，我才顿感艰辛与疲倦。我内心纠结着，想着要不要退赛，我的体力根本不适合跑长跑，却稀里糊涂地填报了自己的名字。我真的好后悔。那该怎么办，中途退出吗？不行，我不仅仅代表我自己，更代了我的班级，我不能放弃！

尽管训练很苦，但我还是坚持了下来。我就是要在逆风中展翅翱翔，毕竟生命的意义在于拼搏。尽管在比赛中我没有拿到名次，但是我觉得我可以勇敢地面对现实，没有被困难打倒，这就是一种成功。

泰戈尔曾道："世界以痛吻我，我却报之以歌。"苏轼亦是如此。

"休对故人思故国，且将新火试新茶。诗酒趁年华。"

"谁道人生无再少？门前流水尚能西！休将白发唱黄鸡。"

"人生到处知何似，应似飞鸿踏雪泥。"

……

这些难道不都是他在逆境时的巅峰神作吗？东坡，我在千年的长河里努力去追寻你的痕迹，向你致敬。

我的读书心得：

生逢盛世当不负盛世

——读《红星照耀中国》有感

合肥市第三十中学 2021 级 11 班　何雨轩

指导教师　杨小燕

"红星"是什么？我不断地追寻答案。

幼时的想象是"红色的星星"，儿时的回答是"故园的海棠花开"，少时的理解是"星星之火，可以燎原"。读了埃德加·斯诺的《红星照耀中国》之后，我恍然大悟，原来"红星"并不是宇宙中虚无缥缈的星星，亦不是园子里流光溢彩的红色化影，而是每一位为祖国奋力前行的少年。

少年逢乱世　奋斗正当时

埃德加·斯诺笔下的毛泽东生活在一个"盛世将倾，深渊在侧"的时代，毛泽东 8 岁就读小学堂，从小勤奋刻苦，父亲的专制在他幼小的心灵上早早留下了"反抗"的烙印。长大后，面对社会的混乱和人民的疾苦，他毅然掀起了一场全新的革命。他和战友们为了国家和人民，浴血奋战，万死以赴。毛泽东同志和那一代革命者，为我们中华民族立下了不朽的功绩，就像邓小平同志说的，没有毛泽东，中国人民还将在黑暗中摸索很长一段时间。毛主席的一生都在奋力前行，为了祖国的前途和人民的希望，永不言弃。

"飞扬的少年最动人心，奔跑的时候像是穿过了光阴。"而在天下安乐的今天，也有少年披玄甲、拉白虹，身负希望，越众而出，为祖国而奋力前行着。

少年逢盛世　奋斗亦当时

北京冬奥会完美收官，很多人记住了一位可爱的中国女子跳台滑雪运动员彭清玥，12岁就成为梯队队员的她是一位勤奋刻苦的选手。很多选手完成安排的训练后就走了，但是她还留下来继续向教练请教。14岁的她进入跳台滑雪国家集训队，虽然她并不是冬奥首秀最亮眼的那一个，但依旧未来可期。经过一个大赛周期后，她积极调整状态和心态，恢复体力，做足准备，为下一个赛期而努力奔跑。

生在红旗之下，有无数像冬奥会健儿一样拼搏的年轻人，他们向党而行、逐梦青春，不负先辈们为我们开创的这光明盛世。

少年逐梦　争当耀眼"红星"

疫情时期，又有无数少年挺身而出，踏着晨辉，披着星月，顶着烈日，冒着酷热，奋战在危险的一线，用自己的行动诠释了"众生为首，己为末"。少年代表着希望，年轻代表着力量，在那段日子里，我们班很多同学成了社区志愿者，帮忙发放防疫手册及宣传资料，做力所能及的事情。

少年充满朝气与活力，是初升的太阳，是五月的花海。我们当仰望星空，脚踏实地，珍惜当下，不负韶华，让自己成为一个对祖国有用的人，将来在祖国各项事业发展中担任主力军，为谱写祖国更美好的明天而奋力前行。

生逢盛世当不负盛世，生逢其时当奋斗其时，让我们一起去追逐梦想，成为祖国建设大军中的一颗颗耀眼的"红星"吧！

人间骄阳刚好，风过林梢，彼时我们正当年少。

我的读书心得：

比天空更宽广的是人的心灵

合肥市第四十六中学南校区 2021 级 15 班　凌仪涵

指导教师　艾旭

《悲惨世界》，听上去就是一本充满苦难的书。

第一次读它的时候，我的心中是充满好奇的——究竟是什么样的苦难，足以将书名唤作"悲惨世界"。

作为雨果享有盛名的一部小说，《悲惨世界》精湛笔墨带来的震撼是我无论怎样转述也无法表达的。

雨果以其丰富的想象力和深邃的洞察力描绘了19世纪法国社会的种种问题，展现了人性的各种面貌，同时也揭露了社会的不公与不合理。

但这本书里的悲惨不是负面情绪，而是一种动力，更是一种思考。

最令我感动的是革命那段故事。原著里安灼拉说："我们即将进入一个充满曙光的坟墓"，即使知道会失败也要放手一搏。一群人为了共同目标去前进真是太美好了。雨果把自己最美好的希冀和柔情给了下一代。所以《悲惨世界》里年轻一代都是那么积极阳光与美好。

他用笔让青年重拾永恒真理与激情热血，使感人的精神永世流芳，为这个悲惨的世界带来了美好与爱，同朝阳一般，把人与人之间最美好最纯粹的情感洒满这黑暗的大地，为世界带来了黎明的曙光。

《悲惨世界》之后，我再也没读到过像安灼拉这样的角色了。说来也奇怪，雨果对他着重刻画的部分并不多，却勾勒出这样令人向往敬佩的角色，就像巴黎曾经真的有像他这样这么一腔热血的年轻人，在黎明到来之前，进入了充满曙光的坟墓。但是，新事物打破旧事物是自然规律，尽管他们的起义失败了，但是起义从未停止。

《悲惨世界》同时也讲述了巴黎的历史故事，比如滑铁卢战役，描写得荡气回肠，甚至一些见解详细得堪比史学家的解说。因此说这部书是现实主义与浪漫主义的结合。而冉·阿让的故事在庞大如"利维坦"的巴黎中，只不过是一个不起眼的人物的故事罢了。雨果也说过，本书并无主角，非要说主角，那便是巴黎，那便是全世界的人民。

人的内心有时是自私和残忍的，但有趣的是同时存在同情和善良，而正是这矛盾才导致人类一直在痛苦中延续生命。

这一性格特征的代表，便是冉·阿让与沙威。

他们在原著中似乎是完全相反的——一个虽是罪犯，但已改恶从善；另一个是警察，但其所坚持的正义，是旧社会中统治阶级完全不考虑无产阶级权益而制定的规则。沙威感受到自己所坚持的"正义"已经被时代所抛弃了，理想的崩塌，让他草草结束了自己的性命。

冉·阿让是可怜的：仅仅因为一块面包，他就被判了服苦役，即使后来改恶从善，也不被社会所接受。

沙威是可怜的：他追求正义，当正义成为工具，一生执行正义的人，却被良知打败了，最终放弃了生命。

每个人都是社会的缩影，他们之间的争斗不能简单描述为善与恶，时代的冲突把他们变成朋友或敌人，但又不仅仅是朋友或敌人。

一个人为了金钱犯罪，这个人有罪；一个人为了面包犯罪，这个社会有罪。

在这个有罪的社会中，雨果从来没有宣扬过虚伪腐败的政权或是当时灭绝人性的严法苛吏，也没有对众生的种种丑恶嘴脸表示出一点赞同。他对于上述种种所持的态度向来是评判、怜悯和救赎。

书的前半部分描写了一位卞福汝主教，他是一位至真至善之人，如同来自人间的天使，是善的化身。冉·阿让偷主教银器一事，并非是本性难改，他服苦役十九年，受尽苦楚，放出来后不论到哪都是四处碰壁，他出了牢房，但又像是进了一个更大的监狱。因此他自暴自弃，去偷银器，当众人口中的恶棍，因为那样才符合社会给他的身份。但是善良的主教出现了，让冉·阿让知道，他并没有身处更大的监狱，苦役犯也有改过自新的机会，他的灵魂也可以得到救赎。

这才得以让冉·阿让后来带着主教的信仰，带着那份善意，尽力帮助身边的每一个人，让爱传递人间。

冉·阿让就是沙威的主教。

主教宽恕了冉·阿让，冉·阿让宽恕了沙威。不同的是，被宽恕之后，冉·阿让醒悟了，并拥有了信仰，而沙威被宽恕后，却被摧毁了信仰。

人类的历史是由苦难铺就的，但是越是淤泥才越可能孕育出莲花。虽说不是每一个冉·阿让都可以遇到老主教，但我们自己内心向善的力量，亦是这现实世界中的一朵白莲，在一众淤泥中显现出一派蓬勃生气，彼时那心底的光，也会成为如主教般照亮别人的光束。

书中序言写道："只要本世纪的三个问题——贫困使男子潦倒，饥饿使妇女堕落黑暗，使儿童羸弱——还得不到解决；只要在某些地区还可能发生社会的毒害，换句话说，同时也是从更广的意义来说，只要这世界上还有愚昧和困苦，那么，和本书同一性质的作品都不会是无益的。"

何其有力，何其真挚而动人的一句话啊！无疑，这其中"男子"指如冉·阿让一般的人。而"妇女"则指如芳汀一般的女人——而这位芳汀在我看来，是这黑暗世界中命运最悲惨的那一个。

原先的她生得"一头日光色的美发""有黄金和珍珠做奁资，不过她的黄金在她的头上，珍珠在她的口中"，可是后来，她将女儿寄养在恶毒的泰纳迪家中，她被贪婪的一家勒索，又惨遭解雇。为了赚钱，她卖掉了自己的一头秀发和两颗珍珠似的门牙，最后沦为娼妓。一个曾经活泼可爱的少女竟成了枯黄的、病入膏肓的、到死都没能见到自己心心念念女儿的可怜的母亲。

她死在社会的压迫之中。

芳汀是那个时代贫困妇女的真实写照，她是社会中的弱者，却得不到应有的尊重与关照，反而被他人歧视。

她原是个天真纯洁的少女，但恶浊的社会玷污了她，损害了她。她一直有自食其力、过勤俭节约生活的决心，但包工压低她的工资，债主对她进行盘剥，她被压迫得走投无路，最后只得凄凉悲戚地死去。

临死前，她让冉·阿让接回自己的女儿，冉·阿让拼尽全力，终于找到了那可怜的小珂赛特，将她视为自己的亲生女儿那样去养育。最后，冉·阿让将自己的所有财产全都赠予了珂赛特与她的丈夫。

他安息了，尽管命运多舛。

他仍偷生，失去了他的天使他就丧生。

事情是自然而然地发生的。

就如同夜幕降临，白日西沉。

我的读书心得:

初中组

我爱这土地

——读《艾青诗选》有感

合肥市嘉陵江路中学 2021 级 42 班　孙嘉怡

指导教师　陈冉

"为什么我的眼里常含泪水？因为我对这土地爱得深沉……"

轻轻触碰那饱经磨砺、死而后生的文字，在缓缓拉开的历史帷幕后，我结识了一位用一生颂唱祖国、追求光明的战士——艾青。

1932 年，被捕入狱的艾青，变画笔为诗笔，用一首《大堰河——我的保姆》歌颂了乳母的宽厚慈爱，泣诉了一位农妇的悲惨命运。而书至落款，我和诗人齐齐滚下热泪。"蒋"字上被愤愤然画上个叉，"海澄"凝为一个"青"字，"艾青"这个脍炙人口的名字横空出世。

纸页翩跹，飞啊飞，撞见了 1937 年的雪。这雪沉重地落在中国的土地上。漫天飞雪，日军的铁蹄碾过，轧过一道道血河。此时诗人从一己之悲中走出，茫然抬头，目之所及，山河破碎，饿殍遍野，于是他毅然决然地踏入民族救亡的滚滚洪流中。指间泼墨，蘸笔天河。那一行行对黑暗的批判、对胜利的展望的诗句，对当时处于迷茫压迫中的中国人民来说，犹如黑夜里的一把火炬，又恰似凌空中的一柄尖刃，助燃了革命的火种，刺破了社会的黑暗。

1978年，国土复苏，积雪化水，汇入了新时代的汪洋。沉寂了20年的诗人再次归来。《鱼化石》思生命而鼓舞前进，《镜子》探真我而赞颂率直，《光的赞歌》寻真理而追求光明。我看见诗人那双黯淡的眸被光点燃，渐渐显出深邃的哲思。

掩卷，久久难言。

我爱艾青的诗充满张力，也爱诗中的情感澎湃激昂。每首诗往往在章末几节拔地而起，直抒胸臆，振聋发聩，最终于高潮中谢幕，余音袅袅，绕梁不绝。

我爱艾青的诗沉郁自持，也爱诗中的情感爱意深沉。满天挥毫泼墨，描摹出饱经苦难的土地，悲伤哀泣，不屈不挠，深沉的爱，结尾却要宕开一笔，那是末路尽头的曙光。

我爱艾青的诗，更因为我也爱着这土地。

指尖翻动，与挥墨者比肩而行。我跟随着诗人走过他坎坷崎岖的一生，也尽览祖国翻身崛起的波澜，在字里行间求索古今爱国诗词的力量。

纵览古今，诗人那相似的情愫，是一种怎样的情怀？是杜甫"国破山河在，城春草木深"的忧国忧民，悲婉凝重；是刘禹锡"沉舟侧畔千帆过，病树前头万木春"的蓬勃发展，相信黑暗终将落幕，光明定会到来；是艾青在苦难创伤之中沉沉郁郁写下的"我爱这悲哀的国土"，随之又坚定不移地道出"太阳向我滚来……"的历史必然。

在今日我们仍能瞥见《礁石》那屹立海岸的不屈身姿，听见《我爱这土地》嘶哑的歌声与激怒的狂风，嗅见《光的赞歌》黎明的芬芳……现代的中国经过风雨的洗礼，正在腾飞，光明的时代已经到来，我又怎能停滞不前？新时代的青年理应带着中华儿女的坚韧意志，砥砺深耕，奋勇前进。生于斯，长于斯，死于斯，铭于斯，哪怕我是一根蜡烛，也要"蜡炬成灰泪始干"，为祖国的大地锦上添花。

"假如我是一只鸟，也应该用嘶哑的喉咙歌唱。"

⭐ **我的读书心得：**

做一个战士

——读《泥土深情——巴金》有感

合肥市阳光中学 2022 级 10 班　吴慧婷

指导教师　秦丹丹

> 人各有志，最重要的是做人，是做一个战士！
>
> ——题记

《泥土深情——巴金》这本书主要介绍了巴金童年时期及青年时的生活。合上书页，我不禁感慨万千……

巴金原名李尧棠，乳名升鳞。在小升鳞四岁多时，他成了县衙里的"鸡司令"，每天早晨都给鸡点名："大花鸡，凤头鸡，乌骨鸡，麻花鸡……"这些名字都被他记在心里，刻在骨子里。当他发现鸡成了餐桌上的美食时，就再也不吃曾最爱的红烧鸡。当大人们在吃蚕蛹时，小升鳞却感叹道："蚕的命运多悲惨啊！"但无论是鸡还是蚕，它们始终都不能反抗，它们不能。

我悟，要做一个战士，一个善良、热爱生命的温柔的战士！

在小升鳞正值青春年少时，他与哥哥姐姐一起看报，与父亲一起看京戏。母亲教会他爱一切人，无论贫富贵贱。老周告诉他如何做人，告诉他社会的险恶。他与香表哥学英语，15岁时进入青年会的英语补习校学习，他寄出了人生的第一封信，加入《半月》社，并成为编辑，与三哥一起离开成都，赴沪考大学深造。

我懂，要做一个战士，做一个勇敢、满腔热血的正直的战士！

在小升鳞不到十岁时，杨嫂、母亲、二姐都离他而去。后来，那个曾说过要给他盖房子的木匠老陈也因一次事故而离世。三年后，父亲走了。又过了两年，祖父——家中最后一个爱着他的人——也在疯狂和孤寂中悲哀地告别了人世。但小升鳞没有就此堕落。他没有。

我叹，要做一个战士，做一个坚强、乐观向上的刚毅的战士！

李尧棠深爱着自己脚下的这片土地，他希望"化作泥土"，汲取家乡的阳光、雨露，和家乡的禾苗、树木一起生长。

而作为现代中国的青少年，我们更应该发愤图强，做一个温柔的、刚毅的、正直的战士！回望那刚过去不久的台风"杜苏芮"，我感受到了中国青年的正义的力量！

今年7月28日，台风"杜苏芮"正式登陆中国大地。它肆意地卷起那满地的皱褶，绿色的树叶痛快地飞舞着，无休止地飘着。大树被刮倒，汽车被掀翻……强烈的台风似乎要撕裂整个宇宙！它引发了海啸，许多城市被淹……

这一切给祖国大地带来了沉重的打击!

多苦涩,就这样被拉扯,像刀割一样痛。

但年轻人是永不会退缩的呀!

200多万晋江人,守望相助,同舟共济。武警徒步运送物资,消防员躬身"搭桥",乘务员哽咽地安抚着被困的旅客。落坡岭的居民们,成锅成锅地给K396次列车上的被困乘客弄食物吃,尽管他们的物资储备不足,但却愿意倾其所有……"哪里有危险,哪里就有人民子弟兵!"中国人民万众一心,以平凡的行动投身不平凡的战斗!

多欣慰,就这样被感动,像糖果一样甜。

我们要像李尧棠那样——做一个时代之子,开一朵生命之花!他用一支笔去抒写社会,我们就用一颗心去温暖社会!我们青少年要在时代的大风大雨中,御风而行,做一个战士!

我的读书心得:

我的心不再漂泊

——读《漂泊少年——艾芜》有感

合肥市第六十三中学 2022 级 7 班　谭程鑫

指导教师　董雪梅

外面骄阳一片，让人睁不开眼，太热了，还是在家待着吧。坐在书桌旁，翻开这本《漂泊少年——艾芜》，我与屋外蝉鸣做伴，走进了书中另一片天地，尽情享受这暑假的读书时光。

书中以第三人称视角描写作家汤道耕从小到大的生活：从学生时代起，他发现自己若是按平常人的思想，只会和自己的父亲一样在乡下吃一辈子粉笔灰，所以他作出了大胆的决定——走出村庄，去南洋半工半读。他中途流落昆明并结识了许多朋友。他开始用"爱吾"为笔名写诗，后又改为"艾芜"。一路走来，他游遍祖国大好山河。书中写到他爱好自然风景，四处游历，与许多知名作家有交集，如鲁迅、茅盾、郭沫若等。最终，他以《南行记》《春天》闻名文坛。

通读全文后，我发现作者和我的性格有些相像，都属于那种坐不住的类型，且去过自己向往的地方游玩。尽管后来吃了许多的苦，但还是一步步坚持下来了。这和我的经历也比较贴合，我儿时也总是向往外面的景物，且在学习方面处处碰壁。

刚上八年级时，无论是长辈、老师还是哥哥，都说这个时候非常重要。但我认为我学习还凑合，没必要那么卷，照样还是不听课，课堂上走神、讲小话。老师批评我，我也无所谓，觉得上课时的知识都听得懂，对于其他人的劝告也当耳边风……期末考试我临近，班主任在黑板上写下一句话——"成绩不会陪你演戏"。

成绩单出来前，我还昂首挺胸，看完成绩之后如霜打的茄子，呆呆地坐在座位上，呆滞眼神的深处透露出了无限的不甘，霎时，周围的声音化作嗡嗡的鸣叫。我才意识到，原来自己是那么可笑，居然这么长时间都在做着"不劳而获"的白日梦！

暑假刚开始，虽然知道该努力了，但我每天只是枯燥地写作业，没什么斗志。幸好，这时让我遇到了它——《漂泊少年——艾芜》，让我在这迷茫的时候有了方向，内心萌生出了斗志，就像艾芜一样。

艾芜会把青春献给自己所热爱的、所向往的、所追求的。他一路上遇到两位恩师：一个是在缅甸救他一条命的万慧法师，另一个是回国后的鲁迅先生。全文中对大多数人的称呼要么是原名，要么是笔名，可这两个"恩师"是特殊的称谓。因为他们都对艾芜的事业和生活有举足轻重的影响，这也告诉我们要懂得感恩。

八年级的暑假结束了。开学了，我写出了我认为上初中以来最好的读后感，想带给班主任董老师批改。我蹦蹦跳跳地进入熟悉的校园，信心满满地捧着作文，像往常一样等待着董老师进班，可进来的却不是她。

窗外微风徐徐，阳光依旧，一切都显得无比自然，我心中却波涛汹涌。轻靠在座位上，眼神无比迷茫，我的思绪回到了从前。

想到曾经，全班伴着晚风，欢声笑语，走进电影院，那是董老师带着我们集体观影；还记得，每次看到身为副校长的班主任董老师在国旗下讲话，我们都会感到无比的骄傲。

秋日的操场，伴着桂花的香气，我和同学们在这里漫步，谈论着现在与未来的理想。良久，我抬起头，阳光刺入眼眸，我将手举起，想起了董老师微笑的模样。

过往的美好终究是过去。很遗憾，董老师被调到我们区另一所初中学校任教了，虽然她没能继续陪伴我们到毕业，但她曾在朋友圈说："你们今后的路，将由我的目光铺就……"我的心不再漂泊，因为老师对我们七班的教诲，我们终会记得，也会以尽量多的成就来感恩老师，就像当年的艾芜一样。

★ 我的读书心得：

土地与太阳

——读《艾青诗选》有感

合肥市五十中学新校集团天鹅湖校区 2022 级 26 班　汪哲宇

指导教师　高嗣能

《艾青诗选》这本书记录了艾青先生不同时期的一些代表作。他的作品有鲜艳的色彩,有"艾青式"的忧郁,更有独特的意象——"土地与太阳"。

土地的忧伤

从他的经历上来看,因有术士说他命克父母,艾青从小被送到乡下,交由贫苦农妇——大叶荷抚育,在那里艾青心中埋下了一颗名叫土地的种子。待他五岁回家时,已做了生父生母的新客。

不仅儿时的艾青有着深厚的土地情结,在他乡漂泊归国后,他看到农民的疾苦,社会的落后,写下了"苦难也已经成为记忆,在它温热的胸膛里重新漩流着的将是战斗者的血液"的诗句,试图唤醒一个受尽凌辱的伟大民族。接着,全面抗日战争的枪声打响了。"雪落在中国的土地上,寒冷在封锁着中国呀。"《雪落在中国的土地上》表达了作者对在战乱中家破人亡、流离失所的百姓的同情。"为什么我的眼里常含泪水？因为我对这土地爱得深沉……"《我爱这土地》表达了作者对祖国的真挚的爱。

土地凝聚了艾青对祖国和人民深沉的爱。

太阳的期望

艾青的一生并不平坦，其入狱经历更是不幸。但正因为这些不幸遭遇，加上战火纷飞、民不聊生的独特社会背景，"太阳"成了艾青笔下希望的寄托意向。

"于是我的心胸被火焰之手撕开，陈腐的灵魂搁弃在河畔，我乃有对于人类再生之确信。"这是艾青《向太阳》中的诗句，诗中饱含了他对新时代到来的希望。"太阳照着我们的田野、河流和山峦/照着我们的从很久以来/到处都蠕动着痛苦的灵魂的/田野、河流和山峦……"《向太阳》描写了百姓幸福安康的生活，写出了作者期待中的中国新生的模样。

在抗日战争时期，艾青是一个受爱国主义思想熏陶的热血新青年，他渴望光明，向往自由，他心系黎民百姓，全心全意期盼着中华民族腾飞。

"土地"和"太阳"，是艾青对国家的爱，对民族腾飞的期盼，对新时代到来后百姓安康幸福的祝愿。艾青后期的诗歌里，少了热烈的情感，有了历尽风霜的释然，不变的是他那颗爱国的心。

我的读书心得:

高

中

组

以梦为马,莫负韶华

——读《马可·波罗的故事》有感

巢湖市第四中学 2022 级 4 班　徐时馨

指导教师　许静

　　一本好书,如黑夜里的明灯,给人以振奋的力量;一本好书,似茫茫大海上的一座航标,指引人前进的方向;一本好书,如一碗心灵的鸡汤,给人提供精神的滋养。《马可·波罗的故事》就是这样一本好书。

　　马可·波罗 1254 年出生于意大利一个富商家庭。受到家庭环境的影响,早在十七岁那年,他便开始跟随父亲和叔叔的商队出国游历。他们从威尼斯出发,横渡地中海,跨过底格里斯河谷,翻越渺无人烟的伊朗高原。由于身体不适应高原气候,马可·波罗在阿富汗东北部因重病而倒下,一年后他的身体才得以恢复。随后他并没有放弃闯荡世界的梦想,而是继续勇敢地穿越帕米尔高原,又沿着塔克拉玛干沙漠前行,一路风雨兼程,无惧艰险,披荆斩棘。他用了三年半的时间终于来到了他神往已久的中国。他将西医等文化引入我国,又学习了我国的先进文化,大大促进了两国的经济文化交流,成为中国和意大利,乃至东西方友好往来的使者,同时实现了他的个人追求,成就了他的人生价值。

马可·波罗的中国之旅并非一路坦途,与之相反,我们可以想象到,在当时的历史条件下,他肯定历经了无数未知的艰辛与险恶。比如,一路上他会遇到许许多多的语言障碍,只能与不同国家、不同语言的族群借助简单的手势比画交流,有时甚至还会因为彼此间的语言沟通障碍造成误会;再有,他们跋山涉水、风餐露宿,有时也免不了面对猛兽的袭扰,还会因水土不服和气候差异而导致身体产生异样反应;此外,航海中遇到的一系列恶劣的海况,这些未知风险都足以致命。即使有千难万险,马可·波罗也未曾停下探索大千世界的脚步。在逐梦的道路上,是他那坚定执着的信念和永不言弃的毅力,默默支持着他一路风雨无惧,一路攻坚克难,最终才实现了他所追求的理想!

这几天我又重拾此书,反复回味里面的点点滴滴。夜深人静,秋夜的风从窗外吹过来,微凉,也让我的心更平静,思绪更清晰。时光似乎回转到元朝。遥想,在元世祖忽必烈那个年代,没有高铁,亦无飞机,马可·波罗却能坚守初心,探寻大洋彼岸的东方国度,倘若仅仅靠一时兴起的冲动,那绝对是远远不够的,没有咬定青山不放松的恒心和信念作为支撑,再多的"马可·波罗"都到达不了大洋的另一端,更别提游历中国十七载了!

如今的我们与当年的马可·波罗相比，所拥有的各方面的条件都不知要好上多少倍。但我们要清楚地意识到，华彩人生的获取必定要笃定鸿鹄之志，更离不开对美好梦想的不懈求索。当今世界，国与国之间的竞争说到底比拼的是科技和人才。梁启超先生说"少年强则国强"，这一切从根本上说还是要取决于新生代努力与否。十年、二十年之后，民族复兴大业的接力棒肯定要传到我们的手中。因此，我们必须有使命担当，在求知的道路上，我们只有珍惜每一分每一秒，不辜负每一个清晨，不虚度每一个夜晚，用只争朝夕的学习态度，踏踏实实地上好每一节课，做好每一门学问。当然，在学习中我们定会遇到千千万万、形形色色的"拦路虎"，但是想想当年马可·波罗的艰辛，我们一定要拿出"明知山有虎，偏向虎山行"的勇气和斗志，攻坚克难，勇攀高峰，永不止步。唯有坚持，才能让梦想照进现实！

★ 我的读书心得：

《我与地坛》读后感

合肥七中紫蓬分校 2022 级 12 班　宣亚玲

指导教师　余文宝

一部倾注作者心血的作品总要多读几遍才能品味其中的人生沉味,再次翻开史铁生的书籍,我进入了那个无人问津的荒园,里面繁密野草缠绕,肆意疯长,那是荒园止不住的心脏跳动,地坛里藏了他的心魂。

我反复咀嚼史铁生写下的每一段文字,不同时候阅读的心境都有些不同。

"它等待我出生,然后又等待我活到最狂妄的年龄上忽地让我残废了双脚。"史铁生本可以在这个年龄肆意奔跑,但命运却绊住了他的脚,他再也站不起来了,跑不了了,前方大雾已经迷失了他的双眼。他开始抱怨命运的不公,变得狂躁,想着生是无意义的,慢慢对生活失去了希望。他一个人坐着轮椅,去了地坛公园,一年又一年。静静注视着万物的生长,他开始思考生与死的意义,从此地坛成了他的栖息地,在无休止的愤怒中,他太想寻找出一个答案。

在这个荒芜但并不衰败的园子中,他静下心来细看春夏秋冬，看事物之间的变换，看每日不同的光影，慢下来，细数着生命的每一秒。世间的一切尽在双眼之间，地坛存放着他的灵魂，在这个历经百年风雨的园子里，他看着地上的身影，一回头，已是夕阳无数。

"但是太阳，它每时每刻都是夕阳也都是旭日。当它熄灭着走下山去收尽苍凉残照之际，正是它在另一面燃烧着爬上山巅布散烈烈朝晖之时。"他笔下苍老的灵魂已融入晨光中，对着四季吹来的风，陌生的人，谈话间的笑声，他用笔刻下了痕迹，用文字镌刻着这每一处美，即使肉身不完整，但他有不腐朽的灵魂，在呐喊："因而我盼望夜晚，盼望黑夜，盼望寂静中自由的到来，甚至盼望站到死中，去看生。"

在人生最灰暗的时刻，史铁生遇到了一直在等他的地坛，但守护他的仍然是一直隐藏在背后的母亲。面对一个"在最狂妄的年纪残伤了双腿"的儿子，他的母亲可能会抱怨命运的不公。面对儿子的暴怒，她很焦急，但她只能看着儿子。儿子走后，她呆呆地站着，她在想儿子的今天，明天，后天……在上天的作弄下，她只期盼儿子幸福。她看到了儿子的痛苦，却无能为力，无力感在无数个昼夜折磨着她。

希望，起初只是一朵小小的火苗，无意间，她发现了儿子在写小说，濒临绝望的母亲，燃起了希望。《合欢树》中写道："她到处去给我借书，顶着雨或冒了雪推我去看电影。"她想让儿子淡忘残疾的苦恼，投入写作。每一段被史铁生轮椅压过的道路，都有母亲的脚印，她把痛苦埋在心底，想用爱温暖儿子的心，这样一个苦的母亲最终还是离开了。

在生与死的对话中，太阳升起，史铁生也站了起来，但这时回头一看，母亲已经不在。母亲的离开，让他不禁思考生命与爱，终有一日，他开始懂得母亲。母亲一直在精心浇灌着一棵枯木，因为她一直坚信，终有枯树逢春的时候。史铁生以笔为矛，向死而生，救赎的路就此展开。

"对命运，休论公道"，生命中大大小小的风暴让我们遍体鳞伤，也许我们会一次次经历失望，但当我们跌落谷底的时候，一定要静下心来，慢慢思考。每个人都走在这样一条生的道路上，无论走到哪儿，人生都不会圆满，有幸福与痛哭，沉沦与思考，接受命运，改变命运，这过程的痛你必须承受。文字可以救赎灵魂，而史铁生的文字书写了精神与灵魂交织，向死而生，死亡并不是终点。

"譬如祭坛石门中的落日，寂静的光辉平铺的一刻，地上的每一个坎坷都被映照得灿烂。"世界可能有诸多不尽如人意之事，但我们仍可以在精神世界里婆娑起舞。

我的读书心得：

高中组

草木一生，人间清欢

合肥一六八中学 2022 级 30 班　翟宇涵

指导教师　童峰

尊敬的汪曾祺先生：

见字如晤！

今日回家路上，残阳似血，遍染天地万物，微微聚于一片翠碧的叶上，交相辉映，美甚。不知为何，脑中忽念起您和您的《人间草木》来，念起您的痛痛快快的栀子花香来，念起您夏日里冰了眼睛的西瓜来。

想起与您的初遇，是在一个雪漫闲窗的冬昼。家的外面是绵延万里的云雾沉砀，天与云与山与水，上下一白。我百无聊赖地在窗前昏昏欲睡，呼出的白气在玻璃上凝成片片冰晶。在下雪的深冬，天地间往往都安静得仿佛脱离尘世。我不懂得赏雪这种文人之雅兴，只想着随便觅件什么事做做，好打发掉这个漫长的下午。

我的目光顿在了一本白底的书上，"人间草木"四个潇洒的大字点缀于墨色的花叶间——这是母亲前几日买来的新书，刚拆掉薄薄的一层塑料封皮，在灯光的恩泽下格外温润如玉。

我鬼使神差地翻开了它,然后,认识了您,与世间草木的烟火清欢。

我伴您从葡萄藤蔓生至盛夏,见证一株生命在劳动的汗滴中显露生机;我于桨声云影中同您一起品尝一筷子下去就"吱吱"冒红油的高邮鸭蛋,感受绵软鲜咸在唇齿间绽放;我伴您在昆明的雨中飞奔去一隅小店,点上一盘鸡枞,不经意间嗅见木香花浸满雨水的洁白香气,再题上一首小诗,化作深深记忆里的明亮丰满。

最后一个句号,似一个圆圆的果子,沉沉坠于春日草木的枝头。我合上书页,思绪万千,化作梨瓣的月亮挂在夜空,遍洒光辉,赏人间清欢。细细看去,才惊觉爬满寒霜的玻璃窗上,早早绽开了一园酒酽花浓——各式各样的冰晶,或圆满,或残缺。但我知道,它们皆是这清欢人间的小小缩影,是人世的烟火气息。

在寻常的日子里,坐下来品一杯不浓不淡、不烫不凉的清茶,大千世界中的细碎真情、点点光明,于满扇轻摇间化为心中积淀的一股永不逝去的孩童之气。眸中所映,俱为鲜活;心中所念,皆是清欢。

一定要爱着点什么,或许恰似草木对光阴的钟情,又或许,也恰似你我这般活出本真和肆意的普通人,对人间的浓浓爱意。

我自此爱上世间万物,爱上人间烟火,爱上被春风一吹,野草就连了天的生命与真情。我想,我要像您一样,草木一生，品味人间清欢。

暮色已尽，夜影沉沉，这封信便就此搁笔吧。

愿我们永远爱着这精彩世界里的平淡生活。

此致

敬礼！

您忠实的读者：小涵

2023 年 7 月 28 日

⭐ 我的读书心得：

读《杜甫传》有感

合肥市第四中学 2023 级 21 班　冯炜婷

指导教师　詹雨薇

清风徐徐拂过山岗,暗淡的长空泼满墨汁,我起身斟壶幽茶,与月光对饮,与萤烛相伴。此情此景,不禁念起了杜子美。

子时,小院,暮春。
野草蔓宿,心生荒芜。

鲜红染上了模考成绩单,我轻吐浊气,迷茫和沮丧如同束带萦绕,念起三更刷卷勤为径,黎明晨读苦作舟,念起堆山的空笔芯,成沓的墨香卷。少年壮志恍若昨日立,意气风发渐在苦中消。我不禁惊叹青春何其蹉跎,不知何处寻回往日的理想。

拂开《杜甫传》,一个个黝黑立体的字跃入眼帘。

惘然之际,你吟哦一句"会当凌绝顶,一览众山小",气贯山河。可知你年少也曾意气满襟,胸生层云,梦想走向俯瞰众生的山崖;初试不第,毫不气馁,可听你提笔高声颂赞,造化神秀,阴阳昏晓,只因满腔热血与理想;遥想三年,不料奸相当道,拜谒无门,可见你依旧煮酒听雨,高谈雄辩,白眼王侯。我品出了你的开阔豁达、志存高远,品出了你无论得志与否,不忘初心、坚定信念的自信,品出了挫折面前应当昂首挺胸、迎难而上的热血。

是你,让我沉浸下来,坚守梦想。

卯时,小院,立夏。

飞蛾寻光,心溢热血。

手执《杜甫传》,旭日缓缓升起,借着晨曦,我仔细翻阅着。分明是工整的黑字,我却在模糊间望见了段落间赤红的"爱国"大字。风轻掠,掠起我内心的丝缕波澜:我们生在红旗下,长在春风里,生活在如今的和平盛世,我们能为国家和社会做些什么呢?

沉思之际,你吟哦一句"向来忧国泪,寂寞洒衣巾"。可知你虽不曾仕途顺利却依然忧国忧民,居安思危;可见你虽"床头屋漏无干处,雨脚如麻未断绝",却甘愿独破受冻,只为"安得广厦千万间,大庇天下寒士俱欢颜";可听你深叹"忧端齐终南,澒洞不可掇",俯仰人间,悲之忧之,一寸赤心皆为家国。我品出了你若处盛世,当竭尽心力,关注民生,品出了你若处在乱世,则秉持士大夫的独善之志与济世情怀,为百姓的艰难而发声,为国家的苦难而悲悯，品出了我们应当将民族的历史与文化于思想根植，将华夏儿女的爱国情怀于血脉赓续。

是你，让我热血沸腾，忧国忧民。

午时，小院，小满。
青竹翠柏，心衍气节。

我两指拾起一粒黑棋子，落在网格相交处，不禁想起那年夏天正午，我身着志愿者的红色马褂，站在交通路口，笨拙地跟着交警学习道路指挥手势。也是那次活动，激起了我对志愿服务的热情，促使我多次积极踊跃报名参加志愿者工作。

思及不是所有人都能理解志愿工作的价值，且听你再次吟哦"致君尧舜上，再使风俗淳"的美好愿景，勇担社会责任。知青海头白骨累累之处，你书"哭声直上干云霄"的悲愤，可见你兴办学堂、禁止巫术、垦荒屯田，任劳任怨地以天下为己任，将大爱贡献社会。我品出你弓腰低头，细数芸芸众生之苦，品出你笔墨之间，蘸染的万千黎庶的悲叹，品出你胸怀间满满当当的责任与担当，品出服务奉献的真谛，品出无数"位卑未敢忘忧国"的小小志愿者所凝聚起来的宏大力量。

是你，让我甘于志愿，乐于奉献。

波澜生笔底，疾苦在民间。诗圣情怀苦，赤诚似荼冽。

空气里弥漫着芬芬而不失醇厚的茶香,跨过千年,依旧震撼。

⭐ 我的读书心得:

为宇宙立传,与时间赛跑

——读《时间简史》有感

合肥市第八中学 2022 级 19 班　余欣宇

指导教师　许晓强

仰望苍穹,有浩瀚的宇宙;俯视大地,是神秘的地球。我们从何而来,又向何处去;我们处于何处,又是如何形成的,这是宇宙与生命的疑问。身为 21 世纪的青少年,我们只有了解自身所处的环境,才能把握人生机遇。

"时间似乎是从无限的过去向未来流逝,而空间仿佛是向着三维的方向无限延伸。"千百年来,对于宇宙以及时间和空间的认识,人类经历了一个漫长的历程。屈原的《天问》、柳宗元的《天对》都体现了人类对未知宇宙的思考和探索。《时间简史》既是史蒂文·霍金对时间的立传,也是我们青年一代探索宇宙的第一把钥匙。

宇宙·变化多端

朝霞夕阳,冬去春来,日月星宿,地球仿佛是以时间为自变量,以年为周期的函数。日复一日,年复一年,这种自然现象又有什么变化呢?目光短浅的我对宇宙的思考也只能到这一步,但科学指引着我不断前进。

"不管你往哪个方向观测,远处的星系都正急速地离我们而去。换言之,宇宙正在膨胀。"回溯时光,宇宙初生时只是一个极其紧致的极热的点,也就是所谓的大爆炸模型。但是大爆炸模型中的"单极子""视界"等概念仍是物理学中的未知数。这好比人的一生,既有迷茫未知的"奇点",又有未来憧憬的"视界",但同时也不可缺少奋斗与探索的"大爆炸",由此构成我们璀璨的青春。

在这无穷变幻的宇宙中,为拥有无限可能的青春,我与时间赛跑,也会在奋斗中创造属于自己的"大爆炸"!

黑洞·爱与温暖

由于物理知识欠缺,在读这本书之前,我一直认为黑洞是阴暗恐怖的存在,但《时间简史》改变了我的认知,让我在科学中找到了温暖,理解了人生。

"任何从恒星表面发出的光,还没到达远处即会被恒星的引力吸引回来。"这是天体物理学,更是人生的哲学。我们每个人如同一颗恒星,只要你勇于向世界抛洒热爱,所有的温暖都不会离你远去,永远存在。当你失意时,你乐观面对世界,就会得到相应的反馈。你对父母、老师和同学的爱,都是你的光,你的引力赠予你他们的爱。

黑洞的形成也引人深思——"当他到达临界半径时,不会有任何异样的感觉,甚至在通过永不回返的那一点时,都没注意到它。但是,随着这区域继续坍缩,只要在几个钟头之内，作用到他头上和脚上的引力之差会变得如此之大，以至于再将其撕裂。"这正如叛逆期的我们肆无忌惮地挥洒我们的个性，却从未意识到自己的行为会伤害到身边的师长，留下无法愈合的疤痕，终有一天我们会为自己的任性买单，往往这时，我们才懂得反思与后悔。

我要像黑洞一样，把握自己的人生，服务社会，温暖他人。

未知·无限可能

"不确定性原理说，我们永远不能够精确地同时知道粒子的位置和速度；对其中的一个知道得越精确，则对另外一个就知道得越不精确。"对于当下的自己，我们又了解多少呢？或许我们无法对自己的现状准确定位，但是我们把握着前进的方向和速率，就可以掌握着自己的未来。

"为了预测一个粒子未来的位置和速度，我们必须能够准确地测量它现在的位置和速度。"这正是我们的人生，想要规划未来，就必须以现在为起点，以时间为轴，跑出加速度，奔向正方向。

无论当下如何，只要我们坚信人生的不确定性和可能性，把握当下，就能点石成金。

霍金身体残疾，但他用坚持打开了人生的道路，推动科学的进步，写出了哲学与科技融合的交响乐——《时间简史》。最终他在探索世界的第76年离开了我们，但其精神将被我们永远铭记。

为宇宙立传,打开物理大门;与时间赛跑,书写人生华章。

⭐ 我的读书心得:

功不唐捐，玉汝于成

——读《万历十五年》有感

合肥市第八中学 2022 级 7 班　徐锦熙

指导教师　阮晋豹

万历十五年，即公元 1587 年，一个陌生而又有些耳熟的年份，默默无闻地深藏于历史长河的罅隙中。看完《万历十五年》后，我心有所感，摆在我面前的已不再是一个普通的年份，更像是一份大明帝国的"病危通知书"。

本书中登场的七位人物，有大明君主，有能臣干将，还有以知府身份挂冠而去的名士李贽。这些人为国家的强盛与体制的完善穷尽一生，可最后却都泯灭在历史的长河中，化为星星点点的尘埃。

未看此书之前，这些人物于我，不过是历史书上普普通通一页中的几个普普通通的人物，抑或是一次考试中一道散发着油墨气息的题干。可看完此书之后，我从心底为他们感到心痛和惋惜。心痛他们的改革因时代的限制而失败，心痛他们在岁月的蹉跎中不得不向现实低下头颅；惋惜他们空有一腔报国之志和兼济天下的满腹才华，惋惜他们虽拼尽全力，可是所有的努力都付诸东流。

回想起鲁迅先生的那句名言："我们从古以来，就有埋头苦干的人，有拼命硬干的人，有为民请命的人，有舍身求法的人……虽是等于为帝王将相作家谱的所谓'正史'，也往往掩不住他们的光耀，这就是中国的脊梁。"我又想起了"自然击你以风雪，你报之以歌唱。命运置你于危崖，你馈人间以芬芳"的张桂梅校长，想起了"探界者"钟扬"跋涉十六年，把论文写满高原"，想起了"两代人为理想澎湃，一辈子为国家深潜"的"中国核潜艇之父"彭士禄院士……正是有这样前赴后继的人存在，中华民族才能在世界屹立不倒，才能傲然挺立于遥远而又神秘的东方。

个人之于历史，永远是渺小的。可就算如此，也要相信自己的坚持具有价值。我们应该坚守那一份责任，那一份担当。"度义而后动，是而不见可悔故也。"

黑格尔说："历史是一堆灰烬，但灰烬深处仍有余温。"四百多年的时光转瞬即逝，透过《万历十五年》，我们似乎还能感知到那些深藏在故纸堆之中的温度，那是信仰的温度，是正义的宽度，是坚持的力度。他们的遗憾与心痛，挣扎与坚持，道义与正气，良心与智慧，终究在这几百年的星空中闪烁着耀眼的光芒。

历史这条河太长，足够容纳所有的宁死不屈与苦苦挣扎。"提灯行一路，照亮身后人。"此时，我们感受到了来自历史深处的温度。

我的读书心得:

高中组

以德报怨，以爱制恶

——读《悲惨世界》有感

合肥一六八中学 2022 级 14 班　胡方圆

指导教师　周涛

在阅读《悲惨世界》的过程中，我常常喜欢把自己想象成故事中的人物，幻想自己像冉·阿让一样抱着珂赛特穿梭于街巷中，躲避沙威的追捕，或是像马吕斯一样隐匿在卢森堡公园阴暗的角落里，捕捉心上人眼中的光芒。《悲惨世界》描写了冉·阿让等人的悲惨遭遇以及冉·阿让被米里哀主教感化后一系列令人感动的事迹，故事曲折生动，震撼人心。小说的作者雨果是 19 世纪前期积极浪漫主义文学的领袖，《悲惨世界》作为雨果的代表作，和《巴黎圣母院》一样，表达的都是人道主义，反对暴力，以爱制恶。在他看来，世界上有两样约束人的东西：一样是刑罚，它依靠惩治，却只能加深犯罪；而另一样是仁慈和爱，它可以杜绝犯罪，唤起良知，进而改良社会。

于我而言，书中最为惊心动魄的两处情节是主教米里哀对冉·阿让的救赎和警官沙威放走冉·阿让后的沉思。

主教米里哀对冉·阿让偷窃行为的宽容,让这个苦役犯那因被冷酷对待而尘封起来的良心和爱,又重新回到了他的身上,并促使他成为一个善良的人。冉·阿让临终前问道:"我不知道把烛台送给我的那一位,在天上对我是否满意。我已经尽力而为了。"读到此处,我不禁潸然泪下。所有的灵魂都是可以被拯救的,所有的黑暗都是可以被驱散的。而警官沙威一生都将法律视为至高之物,但当他不断地了解冉·阿让,并与冉·阿让相互救赎后,发现了比法律更高之物——爱和宽恕。爱人,才能唤醒人们的爱;宽恕人,才能让人们从过错中走出来,得到新生。

由此,我不由得想起《平凡的世界》中孙少平对两个少女的救赎。跛脚女子侯玉英曾为了获得别人关注,向老师报告了孙少平上课看小说的秘密,并且揭穿孙少平对爱慕对象郝红梅的照顾。后来,侯玉英落入洪水,孙少平不计前嫌,在危急之中救下了她,从而得到了她的感激与爱情。孙少平也曾与郝红梅因为家庭背景和出身,产生了一段无声无息的爱恋,但为了扭转家庭不幸,郝红梅抛弃了家境贫寒的孙少平。毕业时,郝红梅去店里偷手帕给同学送礼被抓住,孙少平不念旧怨,为她付账,并让店主保密,挽救了一个少女的前程。

纵观历史长河,早在春秋战国时期,墨子就曾提出"兼爱"的思想。兼爱,指同时爱不同的人或事物。墨子主张爱无差别等级,不分厚薄亲疏,这就包括了爱他的仇敌。

同是春秋战国时期的齐桓公就懂得这个道理。试想，齐桓公的霸业没有管仲能行吗？这千秋功业全在于他不但敢于重用一个昔日的仇人，更能通过充分的信任，把他培养成一个不可或缺的栋梁之材。他的度量和胸襟，挽救了一个旷世奇才的生命，也成就了自己的霸业。

坚强的灵魂让邪恶变得脆弱，善良的人格让邪恶变得虚无，也许这就是《悲惨世界》的伟大与不朽之处。

⭐ **我的读书心得：**

无炬火,自成光

——读鲁迅《呐喊》有感

合肥市第九中学 2023 级 13 班　罗梓铭
指导教师　王雪莹

血烛萤窗夜未明,侠客呐喊仍未停。我敲着时代的大门,听着门内的声音:似乎有人窃窃私语,待细听时又沉寂得令人发慌。

我站在门外战战兢兢地"喂"了一声,毫无回响,我又鼓足勇气大喊:"有人吗?"还是无人应答。我推开那扇微掩的门,只见文稿凌乱不堪地散落在地,笔墨只随意地摊在地面。我俯身拾起地上的那本《呐喊》,突然,肩上搭了一只冰冷的手。我扭头,是他,八字胡须,嘴衔烟斗。

我看见他那根根头发笔直地向上竖立着,我看见他那一双关心民生疾苦的眼睛和冷酷无情的剑眉,我愣住了。片刻,我颤颤巍巍地将手中的《呐喊》递给他。

先生问:"我的作品艰涩难懂,你为什么会喜欢呢?"

我说:"的确,您的作品冷峭沉重,可若不是您以笔为戈,以墨为锋,我又如何能从《呐喊》中窥得那个风雨如晦的年代？看这本《呐喊》，无声而有言，如同一把利剑直刺人们心中。它看似低沉且昏暗，可却是您为前进勇士高唱的嘹亮颂歌，是低沉的语调与高昂的斗志碰撞摩擦出的尖锐火花。这个时代沉默是最大的迫害，可圣者是从不缄默的，晦涩难懂的文字偏偏就是前行之人悲戚的'呐喊'，笔笔带血，唤醒了铁屋中的人，也激发了当代的我们的精神力量。您看《药》中闹市下，看客人头攒动，刀起刀落，人们疯狂地争抢革命者夏瑜的血，因为'蘸着血的馒头'是最有用的药方。昏暗的灯光，惨白的馒头，鲜红的血，夏瑜的牺牲，刽子手的粗声粗气，老栓的瑟瑟发抖，最后，热气腾腾的馒头，让我不寒而栗。而现今的中国青年生活在太平盛世，读懂了您作品中的深意，绝不辜负无数先烈为救中国而挥洒的鲜血。"

他抬头望向深邃的黑夜，握着烟斗的手不住地颤抖。他说："宁鸣而死，不默而生。"一声长叹刺破了黑夜，一腔热血，灼热了麻木之心。

可，他走了。他就那样奔走在夜里，脚下是磨破的旧靴和望不到头的路，手边是钝蚀的剑和斩不完的荆棘。只有他的影子在路上长长短短，"不如意事常八九，可与人言无二三"。可他仍在向前——同道者的呐喊，心中的侠与义，都使他不惮于向前，永远向前。

一个平平无奇的夜晚，我枕着《呐喊》梦见了鲁迅。

那本《呐喊》已经被我的泪水打湿，他在沉默中爆发的方式便是"呐喊"。鲁迅定是不愿意看到亡国，他要呐喊，要用自己有限的生命，喊出划破腐朽凝固的空气的声音，一搅旧尘。错过，就失去权利发声，倒下，还能供行健者踏过，成为时代的路标，更成为如今不朽的丰碑。或许他不像战场上的士兵那样手里有枪，但他以笔为戎，也同样有力。他的生命就像云烟而过，但也卷入乱世狼藉，在乱世中他也不忘为理想信念呐喊，为天下苍生呐喊。诚如斯言："有一分热，发一分光……不必等候炬火。此后如竟没有炬火，我便是唯一的光！"

我们需要呐喊，我们渴望呐喊。每一个时代都需要先驱者去开拓践行，他们带来思想的火种，我们去坚守传承。呐喊吧，呐喊吧，直至喉咙嘶哑，热血熄灭，生命耗尽！

我的读书心得：

品人间清欢

合肥一六八中学 2023 级 12 班　汪泊言

指导教师　刁婧

蓼茸蒿笋试春盘，人间有味是清欢。

大暑，正是一年盛暑时，外面骄阳似火，我却因一卷书，获得了内心的明净，细品人间清欢。是的，我读的正是林清玄的《人间有味是清欢》，书的封面，是水清烟笼中的一柄裹荷，似旖旎吐香。轻轻翻开书，文字清雅又蕴意广博，字里行间渗透着禅香。读罢，我感到有一脉清冷袭身。

合上书，我却有了深深的向往与惆怅：这"清欢"究竟是什么？在这灯红酒绿的城中，怕是再难有那般清幽的景致、诗心与禅意了吧？

简单的晚饭后，我走进薄薄的暮色，前往市图书馆。它依傍着护城河和古朴的白桥，月光如水，清风拂面，倚池畔杨柳依依，远处风景如画，桥下湖水涟涟，湖面曲曲折折的小径一直伸向远方。湖面上菡萏与碧盘交织相立，勾画出清丽脱俗的身姿。三三两两的学子或散步谈心，或行色匆匆。面对良辰美景，我心想这便是林清玄笔下的

"清欢"吧——孤清而又不食人间烟火。

再次绕回市图书馆时，天已黑尽，市图书馆也早已闭馆，唯有一间偏僻的小房间亮着柔和的光，点缀在黑夜中。向窗中望去，小小的房间里有一张长桌，两排书架，一排排如丘的书中，是好几个学生。记得爷爷说过，市图书馆中有一间是专门留给高考和考研的学子们的，会关闭得稍迟些，想来便是这里了。时间似乎是静止的，暖柔的灯光塑出了一排人物，清冷的微风拨开纱帘，他们神情严肃认真，在认真地享受学习，展望未来。仔细想来，他们也在品人间清欢。清欢，原来也在书里，在每一个奋斗的身姿里。我心里油然而生出崇敬，转身默默离开，是我闯进了你的夜。

悄声离开，不觉间来到了城中繁华之处，夜市的灯火点点，饭店的炊烟袅袅，小吃摊的香味阵阵，勾出了一座城的底色与灵魂。我静静地从每一个小摊旁经过，这些小摊主的脸上溢满热情的笑容，可温暖的背后也不难发现他们生活的艰辛，他们的脸被时光刻满了无奈，手上的老茧倾诉着岁月的沧桑。面对生存的困境，他们选择相信自己的努力，用双手创造出自己的光芒。原来最高的境界便是久居灯红酒绿却不改内心的淳朴，身处市井而不改自身的平和，周遭黑暗却朝向光明。清欢原来也可以出在这市井之地。

回到家，窗外万家灯火已被黑夜吞没，只有一连串的路灯从遥远的黑暗处，一直亮过来，亮进我的心间。

什么是清欢？原来清欢是一种淡淡的欢喜与满足。它是一种生活姿态，是对平静朴实生活的热爱，是对美好生活的向往。清欢活在景里，活在夜中，也活在喧嚣中，更活在人们心中。于丹老师说："人间有味是清欢，所有含蓄婉转、深沉内敛的事物都是为了更好地沉淀，洗净铅华。"品人间清欢，看世间百态，岁月清浅，一半烟火，一半清欢。

人间有味是清欢，出自苏轼，携着文豪的肆意洒脱，伴着林清玄隽永而富有禅意的文字，我想我终于明白了清欢，慢泄流光，渐映素瓷绿茗。

⭐ **我的读书心得：**

突破局限　理解幸福

——《我与地坛》读后感

合肥市第四中学 2023 级 24 班　陶婉欣

指导教师　邱书冉

"命运把我推到悬崖边,我就在这里坐下来,顺便看看悬崖上的流岚雾霭,唱支歌给你听。"

——史铁生《我与地坛》

初识史铁生,是在小学的《那个星期天》,母亲没有兑现承诺,到《北海的菊花》里史铁生多次失约,而后母亲去世,"再憔悴不悔,浮生望尽天涯路"。他说:"那次我真该去陪你看看北海的菊花啊。"可是梅花却早已落满了南山,"悔"之一字落下生了根。

后来再相见,便是在《我与地坛》中了。那时,再看到的铁生先生不似之前颓废,反之是坚韧不屈,如他所说的:"且视他人之疑目如盏盏鬼火,大胆地去走你的夜路。"我想他在与自己和解,也在与世界和解。

我喜欢史铁生的文字,初看不懂,却给予灵魂深深的撞击,日后某天想起,便忽地有了共鸣。我想,哪怕铁生先生已经离去，但在我眼中他如秋天一样，让我看到了生命最后的燃烧，这力量不时感动着我。其实，他在与不在，并无分别。

很喜欢《我与地坛》中的一段话，仍记得那是在第一篇的结尾，史铁生先生这样写道："宇宙以其不息的欲望将一个歌舞炼为永恒。这欲望有怎样一个人间的姓名，大可忽略不计。"

我读到这里，先是震撼，后来大彻大悟。身躯受限于一方天地却神思宇宙窥探生命，他虽不能行，但谁又能说他不是真的行者呢？

我想，这也是我推荐这本书的原因，史铁生先生的每一段话都是思考的凝结，他的思考比刀还锐利，他的文字是开满花朵且生命力旺盛的藤蔓，而《我与地坛》是一个绝望的人在寻求希望的过程中，在自我放弃与救赎中，不断挣扎向前的故事……

"在光的前端，或思之极处，在时间被忽略的存在之中，生死同一。"

我在前文中曾将史铁生先生比作秋天，虽不如春天生机，夏天茂盛，可是秋天，它是生命最后的燃烧。"每读一页，在他凝望的深渊中，又隐隐看到了一丝希望，直至光芒四射。"

他的文字振聋发聩，让人泪流满面，我没办法抵挡文字的力量，便想让你们也能看到。如果你暂时读不进去，不妨先放一放,总有一天,你看到史铁生的文字,也能看到过去的低谷和云端,和现在山巅边上云涌之时的其道大光。

我的读书心得:

读《我的阿勒泰》有感

合肥市第九中学 2022 级 2 班 李佳靓

指导教师 沈慧

"书犹药也,善读之可以医愚。"我想这话一点不错。我还认为:书善读之可以静心。在这个优雅缺失的时代,在横流物欲的裹挟下,人们于钢铁丛林中左冲右突,却忘了读好书去营造自己丰盈的精神世界。我非常喜欢的一本书是《我的阿勒泰》。在阅读之中,我有了全新的人生体验,也因此获得了成长,在此想和大家分享这本好书和我在阅读中的感悟。

初读《我的阿勒泰》,我首先被书中所描绘的自然美景吸引。李娟笔下的阿勒泰是我心中的乌托邦,令人心驰神往。"十月的乡村,金黄的草料垛满家家户户的房顶和牛圈顶棚,金黄的草垛上面是深蓝的天空。麦垛和天空的光芒照耀大地,把乡村的朴素之处逼迫得辉煌华丽。"写实的笔触使我仿佛置身广袤的大地,漫步在山谷之中,与羊群和白云做伴。但此时我只领悟到书中的景色之美,还没能真正理解书中更丰富的精神力量。突然结束快节奏、高强度的学习生活进入暑假生活的我瘫坐在书房,呆呆地望着窗外的天空。在余光之中我又看到了熟悉的淡紫色封面，又拿起《我的阿勒泰》，细细品读。"麦西拉的琴声完整而清晰，不受一丝一毫的干扰，不浸一点一滴的烦躁，他温和平淡地坐在房间嘈杂的漩涡正中央，安静得如同在旷野一般。"在这里李娟收获了纯真的悸动，是最纯净不掺杂念的喜欢，是两颗炽热的心灵的碰撞。"音乐进入了她的身体，从天空无限高远的地方到地底深处的万物都在看着她……当她踮起足尖，微微扬起下巴，整个世界又以她为中心，徐徐收拢。"缓缓铺平的文字在我心中注入力量。这里的人们总是有着自己简单的快乐，热爱生活、享受生活。不管遇到什么问题，他们总能一直默默做着自己喜欢的事情，不受其他任何干扰。她那最朴实却又富有真情实感的话语，在这一刻更显得富有温度。"最安静与最孤独的成长，也是能使人踏实、自信、强大、善良的。"外婆生前的许多事影响着她，勇于独自面对生命的孤独，也永远坦然、欣喜地面对生活。这份勇敢，现在也传递到了我这里。她不只是一个简单的讲述者，更是一个参与者、见证人。因为她真实地生活在人烟稀少的牧区，真实地表达了对自己生活的这片土地之上的天空、河水、羊群的热爱。她用自己的方式诠释爱：爱生活，爱家人，爱自己，爱世界。

　　合上书，我感觉仿佛被人从深渊中拽了出来，内心安定，浑身又充满了活力。那时的我似乎达到了生命中前所未有的勇敢状态。读书之美，美在安静绝美的游牧风光，美在字里行间的真情实感，更美在对生活的无限热爱。是李娟纯真质朴的文字，使我在浮躁中静下心来思考自己想要怎样的生活，该如何生活。感谢她在书中用亲身经历教会我永远对生活抱有热忱。从此以后，不管遇到什么困难，想到这些文字，我便觉得有了气力，觉得日月悠长，山河无恙。

⭐ **我的读书心得：**

品清照诗词，领易安风骨

——读《李清照词传》有感

合肥市第八中学 2022 级 7 班　汪博宁

指导教师　阮晋豹

要说唐宋时期，文人墨客、风流才子，数不胜数。但提及"才女"一词，恐怕好多人的第一反应就是想起那个风华绝代的传奇女子——李清照。李清照的一生起起伏伏，苦乐参半，若把她的诗词单纯归入婉约派，是不合适的。她的词，有柔情，有悲情，亦有豪情。

当我翻开这本《李清照词传》时，我发现在那个提倡女子逆来顺受的年代，李清照的风骨，比她的才情，更为罕见，更为动人。

我从这一页墨色中，窥见的不仅仅是李清照的一生，也能窥见我们自己人生的影子。

李清照出身书香门第，少女时期的她天真无忧，她喜爱读书，父母也尊重与引导她。在如此闲适自在的日子中，也难怪她能够写出"常记溪亭日暮，沉醉不知归路"这样充满情趣的词句。

再后来,她与赵明诚相知相守,赌书泼茶,琴瑟和鸣,呈现出一派和谐景象。

如果只看前半生,李清照就是一个普通的大家闺秀,所写的诗词清婉秀丽,富有灵气,让她在那个"女子无才便是德"的时代脱颖而出。

但,国家的衰落,战争的爆发,打破了这原本安宁的时光。即使她有满腹才华,也无可避免地在乱世中漂泊。在历史的长河中,无论高低贵贱,富有贫穷,无论你是怎样的一个人,都会随着潮流被带去既定的轨道。在历史洪流中,所有人都一样,那么渺小,那么微不足道。你可以不屈地挺起脊梁,抗议命运的安排,却不能避免它带给你的伤痛。

先是新旧党争,李清照的父亲李格非卷入事端,被罢官。被无辜牵连的李清照,只得与赵明诚一起离开汴京,隐居青州。后来,赵明诚重走仕途,独自一人奔赴莱州,而李清照则留在青州的归来堂,守着他们的金石书画。在那段独居的日子里,李清照尝尽了孤独与思念的滋味,写下不少惆怅的诗词,其中就有那句著名的"此情无计可消除,才下眉头,却上心头"。

过了数月,二人好不容易在莱州团聚,却未曾想到,赵明诚竟在战争中临阵脱逃。一身傲骨的李清照,怎能忍受丈夫的懦弱行为?悲愤交加的她在途经乌江的时候,写下了那首与婉约派大相径庭的诗:"生当作人杰,死亦为鬼雄。至今思项羽，不肯过江东。"此后，她的诗词逐渐脱离了脉脉温柔，而沾染了几分凛然风骨与浩然正气。

赵明诚不久后去世，李清照便真成了孤身一人。她辗转来到杭州，却错看了人。在当时男尊女卑的时代，李清照勇敢地离开了张汝舟，她骨子里的坚强，超脱了一般女子的品行，在大宋的历史中，焕发着独特的魅力。

在宋朝，若说辛弃疾用写词表达爱国之情，欧阳修用写词开创新文风，那么，李清照就是用词书写了新时代女子的风貌，书写了在乱世中出淤泥而不染的人格。

这是李清照的人生，我翻着书页，细细读来，觉得心灵最柔软的地方被触及，心底最深处的思考被唤醒。

为什么千年前这位女子的经历，仍会让我觉得感慨万千？也许，是在她跌宕起伏的经历中，我瞥见了一丝相似点。历史的车轮滚滚向前，不同人的轨迹指向不同的方向，但总有相交和重合之处。

我在她的人生中，读懂了苦难。苦难可以摧毁一个人，也可以塑造一个人，但二者是非此即彼的关系吗？我认为，苦难在摧毁一个人某方面的同时也会塑造一个人新的方面。就像李清照，她面对突如其来的变故，失去了年少时的天真无忧，失去了曾经对生活的美好憧憬，但是同时也得到了经历风雨后的坚韧，在不公与不顺中积攒了底气。但这些是她主动想要的吗？并不是。没有人愿意苦难到来，我们歌颂苦难，那是因为我们无法改变环境，只能改变自我。

这既是妥协，也是反抗。在时代之中，我们有时渺小到只能随波逐流，我们不得不妥协。生活中难免也有苦难，从被迫接受苦难，到主动迎难而上，在不幸中乐观地生活，这是一种本领，也是我们成长的必修课。

苦难可以拔高一个人灵魂的高度，可以增加一个人生命的厚度，可以积淀一个人风骨的底气。李清照从一个前半生一路平坦、未经过大风大浪的女孩，到颠沛流离中，逐渐成长为自己世界之中的女主角。如果我们在面对苦难时，都可以做到把苦难转换成动力，那么就没有什么能阻挡我们勇往直前。

我在她的人生中，看到了她不顺从命运的循规蹈矩，用自己的方式去打破世人对女性的偏见。过去，女子的地位低下，很多自由与权利都没有。千百年来，没人敢打破这极不合理的规定，但李清照，这个看似柔弱的女子，却用自己的整个人生，去反抗社会对女子的束缚与不公。她与时代对抗，与命运对抗，与别人的偏见、欺侮对抗，与社会的黑暗、动乱对抗。

晚年的李清照，虽两鬓斑白，却仍一身傲骨。她写下："枕上诗书闲处好，门前风景雨来佳。终日向人多酝藉，木樨花。"在她的眼里，木樨花清香四溢，是花中第一流，是一个人最美的模样。

合上这本书，我心中暗暗发誓，我也要成为自己的女主角，成为一朵在秋风中独自绽放的木樨花。

我的读书心得：

高中组

幡然醒悟的骑士

——读《堂吉诃德》有感

合肥市第五中学 2022 级 15 班　吴玲红

指导教师　唐素萍

勇敢、忠诚是这群人的代名词，辅助强者、保护弱者是他们的责任。他们是中世纪欧洲人们对于现实生活不满而杜撰出的桃花源式生活的重要角色，他们被称为"骑士"。

中世纪的骑士文学往往充满夸张的浪漫主义，令人向往，本文的主人公堂吉诃德就是最典型的代表人物之一。身为贵族，堂吉诃德痴迷于惩恶扬善，一直期望能够成为自己所崇拜的骑士，与邪恶势力作斗争。于是他戴上了一套破旧的盔甲、一匹老马，同桑丘·潘沙一同出发冒险。但堂吉诃德处于一个与他思想不同的时代——一个正在发展的时代，以至于他将科技看作魔法。例如他的第一场冒险，他将拉曼查的风车当作高大的巨人，对其发起进攻。后来他甚至将客店当成堡垒，将牛群当作骑士，做出一系列荒诞的事。最后他被好友假扮的白月骑士所打败，才幡然醒悟，和桑丘一同回到了家园。

第一遍看完这本书的时候，我觉得堂吉诃德像是一个怪人，因为他那不切实际而又愚蠢的信念与行为令人捉摸不透，成为骑士的道路上，他处处碰壁，最后败给了现实。但是重读几遍之后，我能够慢慢理解堂吉诃德这个人的存在和他的所作所为的意义所在，我佩服他心中不灭的正义和追求光明的勇气，我觉得他称得上是一名合格的骑士。

《堂吉诃德》的作者塞万提斯写这本书的初衷是批判当时的骑士文学，所以堂吉诃德的经历无疑是一场悲剧。作者成功地为读者营造出一场荒诞而又幽默的戏剧。作为读者，我对堂吉诃德不胜唏嘘，我欣赏他出身贵族没有想着争权夺利、勾心斗角，而是能够将整颗心用骑士精神包裹。也许大多数人都是从现代，或者是作者的角度去看待堂吉诃德，那么我们很有可能会先入为主，但如果我们从他个人的视角出发来看，整个事情可能就会不一样。抛开结果不谈，堂吉诃德所经历的一系列的冒险，如果没有他说走就走，并且持之以恒地坚持，那么他连恍然大悟的机会都没有，只能活在自己的想象中，直到死去还是一个梦中的骑士。如果是像童话故事那样，最后堂吉诃德成为了一名真正的骑士，永远地离开了他的家园，到处行侠仗义，那我觉得才是真正的讽刺，是一种抛去了现实的幻想，作者也不会花费笔墨构写这样的故事了。因此我认为原文的结局将幻想与现实掺杂，甚至点醒了堂吉诃德，将这场闹剧画上了一个较为完整的句号，也算是别有深意了。

堂吉诃德本人的信念支持他乘风破浪地冒险，但是故事兜兜转转最后却又是回到了起点，让人感觉就像是做了一场很真实的梦，"忽魂悸以魄动，恍惊起而长嗟"。很像是现代的人们在青年时期拥有天马行空的梦想，但是慢慢成长了以后不得已认清了现实。时代不停在变，我们虽然处在一个较为安定的时代，但也要居安思危，不能安于现状，不轻易向现实低头，但又不能够脱离现实，要与时代挂钩，跟上时代的步伐，最重要的是珍惜眼前所拥有的。

⭐ **我的读书心得：**

捧朝花轻嗅,悟"行所当行"
——读《朝花夕拾》有感

合肥一中肥东分校 2023 级 8 班　葛雯惠

指导教师　罗治霞

《朝花夕拾》是鲁迅先生在人生暮年写下的篇章,里面大多是回忆童年时的一些过往。和这些篇章亲密接触时,你会发现鲁迅先生发自内心的那份童真,还有对童时自由自在生活的回味:有时是他趁大人不注意,钻进百草园里放飞自我,找寻自由;有时是思绪天马行空,一人独乐;有时是在三味书屋中,随着严厉的老先生,读"笑人齿缺……"之类佶屈聱牙的文字,然后浮想联翩地神游……一切仿佛就在昨天,那么天真,那么美好,可那段时光再也回不去了。我总想:鲁迅先生在写这些文字时,应该是极其快乐的,可清醒之后,也许是无比苦痛的。毕竟,写文章的那个时代,他已经没有太多的自由,甚至是呼唤自由空气的时间。手捧着鲁迅先生的《朝花夕拾》,品味着从字里行间透露出来的悲欢,我不由得回忆起了自己儿时的美好时光。

我总喜欢看清晨绽放的鲜花，待到夕阳西下，趁着霞光满天去采摘；我总喜欢和小朋友在田野里自由自在地抓蝴蝶，然后再放飞，再试着抓回来；我总喜欢每一天都没有太多作业，即使有也都是有趣的而且是我会做的……闭上眼，细细品味，幼时童真的味道便弥漫在心头，惬意渗透进了我的每一个细胞。

但现在，当我一睁开眼，繁重的学业、升学的压力便接踵而至，似大山压得我透不过气来。我想说我还没准备好，但依旧无济于事。我不会再去抓蝴蝶、躲猫猫了，那叫"幼稚"，只能在学校里上课、考试、写作业；我也不会再等到夕阳西下时去摘花了，那叫"玩物丧志"。我只会在校园里，上晚自习、做温习……一切的一切好像都还在，但都与我无关，这委实让我有些痛苦。鲁迅先生的《朝花夕拾》带给了我看生活的不同视角。

从前，我很排斥陪小朋友玩，因为我害怕看到他们快乐无忧的样子，而那样子会让我讨厌现在的长大；可现在，我时常会去小公园陪妹妹玩，看着她左摇右摆，看着她轻舞飞扬，我的心也会静下来，轻下来……也许，当累了，厌了，倦了，回首望望过去，会让现在的你变得不太一样，会让你又蓄起生活的能量。也许回忆美好的童年，会让当下的生活变得美好一点，让自己疲乏的心得到一丝慰藉。

《朝花夕拾》，朝花，夕拾！傍晚时分，拾起早晨的花，也许是怀恋，难舍曾经的过往，可过去终究一去不复返，傍晚的花也不复晨时的芬芳与鲜艳，朝花夕拾，徒增烦恼罢了。又或许，夕拾朝花并不一定要还朝花艳丽芬芳的形象，而是重拾对生活的初心，让回忆的花慰藉迷惘的自己，坚定脚下的路。鲁迅先生应该也是这样的，他不是真正想回到过去，而是想更好地前行。

手捧《朝花夕拾》，轻嗅初心，热血犹在，我辈岂能彷徨度日？惜朝花，就更得惜当下！

高中组

⭐ 我的读书心得：

人生百味,静心品读

肥东县第一中学 2021 级 2 班　马艾琳

指导教师　张欣然

生活并不总是一帆风顺,有时难免坎坷遍地,荆棘丛生,但生活也处处有惊喜,这要看我们如何面对苦难,如何将苦难转变为佳酿。读史铁生的《我与地坛》,生活便有了更美的意蕴。

地坛相伴,领悟生命之味

史铁生在最美的青春年华里失去了站立行走的能力,接踵而来的痛苦、绝望充斥着他的身心,但幸好还有一座古园陪伴着他。正如他在书中所言:"十五年前的一个下午,我摇着轮椅进入园中,它为一个失魂落魄的人把一切都准备好了。"剥蚀的琉璃,淡褪的朱红,坍圮的高墙以及散落的玉砌雕栏,这些凋零萧瑟的景象,既显露着园子的荒芜,又展现了史铁生内心的无助与悲惨。苍幽的老柏树,活跃的蜜蜂,摇头晃脑的蚂蚁……满园子都是草木竞相生长弄出的响动,这些富有生气的景象体现了他残缺生命里不服输的精神。史铁生与地坛的相遇是一种心灵上的慰藉。"那时,太阳循着亘古不变的路途正越来越大,也越红。在满园弥漫的沉静光芒中,一个人更容易看到时间,并看见自己的身影。"他从地坛看到了自己的影子,这种心灵的温暖让他苦难而躁动的心变得沉静,并重新看到了生活的希望。

  肢体残疾的史铁生在与地坛的相处中领悟到了人生的不同寻常,凭借着顽强的毅力,他对死亡有了更透彻的理解,以豁达乐观的态度接受必然会到来的死亡。他不愿在苦难中倒下,而是想要坚强地崛起,不畏惧命运的考验,靠着自己的精神描述和引导,探索自己的生命之路。现如今,在这个飞速发展的时代,一切都好像被装上了"加速器"。倍速播放的生活使人们的压力越来越大,不堪学习、生活重压而轻生的人也时有出现。我觉得此举是对生命的极度不尊重。生活难免有坎坷,但我们不能因此一蹶不振,在挫折面前,我们应该不低头,不抛弃,不放弃。坦然面对生活,才是对生命真正的尊重。有幸来到人世间,我们应该享受生活,怀着积极乐观的心态去迎接挑战,昂首挺胸地跨过挫折的泥沼。

母爱伟大,领悟感恩之味

  "这园中不单是处处都有过我的车辙,有过我的车辙的地方也都有过母亲的脚印。"双腿瘫痪的打击对于史铁生来说无疑是沉重的,但对于他的母亲来说,这何尝不是一个令人绝望的事实呢?无论他的脾气变得如何暴怒无常,母亲都默默忍受。在无数个白天黑夜,心神不宁、坐立难安的母亲兼着痛苦与惊恐为自己的儿子祈祷，她用伟大无私的爱守护着自己的孩子，无论遭受多大的痛苦，她都是孩子最坚实的后盾。可当史铁生意识到母亲的良苦用心时，却只能对着黑白的墓碑自责哭泣。让他印象愈加鲜明深刻的是母亲艰难的命运、坚忍的意志和毫不张扬的爱。

反观生活中的我们，总认为母亲不完美，把她的辛勤付出当作理所当然，却不知道她为了获得我们的认可已经在背后默默付出了很多。当我们逐渐长大，也该逐渐接受母亲只是一个普通人的事实，并且慢慢懂得她的不易。时间总是如白驹过隙，一转眼间，母亲已两鬓斑白。我们应该珍惜当下，理解母亲的良苦用心，用爱回报关心爱护着我们的母亲。

接受苦难，领悟存在之味

"一个失去差别的世界将是一潭死水，是一块没有感觉没有肥力的沙漠。"人类需要差别，存在的本身也需要差别，但不是每一个不幸的人都有途径，都足够侥幸能够获得救赎。那个在小路上捡"小灯笼"的小女孩儿，漂亮而又不幸，上天不会将美丽与智慧都赠予她。命运是不公的，但精彩的过程无法被剥夺。存在的意义在于创造过程的精彩和美好，存在的价值就在于欣赏这过程的美丽与悲壮。当我们无法改变自己与他人的差别时，那就接受，用自己的努力实现人生价值。

我们不要抱怨自己的缺陷和命运的不公，从而止步不前。只要我们充分发挥自己的优势,不断提高自己的能力,敢于迎接新的挑战,学会接受失败,不轻言放弃,就会找到自己的救赎之路。

"但是太阳,它每时每刻都是夕阳也都是旭日。当它熄灭着走下山去收尽苍凉残照之际,正是它在另一面燃烧着爬上山巅布散烈烈朝晖之时。"青春年少的我们要经得住命运的考验,不畏惧惊涛骇浪,用真诚和坦然去拼搏奋斗,领悟人生的意蕴!

我的读书心得:

亦可绰约多姿，亦可勇健敏捷

——读《红楼梦》有感

肥东县圣泉中学 2023 级 30 班　许天悦

指导教师　李曼曼

巾帼飒飒如惊鸿，窈窕翩翩若游龙。

——题记

女性意识是指女性对自我作为人，特别是作为女性的价值的认识和觉醒。在历史的长河中，女性意识宛如绽放的奇葩。作为中国古典文学四大名著之首，《红楼梦》以其无与伦比的文学价值和深刻的人生哲理，被誉为我国古代小说的巅峰之作。曹雪芹笔下的每一字每一句都充满了对世情冷暖的深刻刻画。作品细腻地描绘了世间百态，其背后却隐藏着作者深沉的悲哀与对人生的感慨。红尘滚滚，世间繁华最终不过是一场梦幻。

"红楼梦"不是梦，它在历史上实实在在地显示着女性意识的觉醒。在《红楼梦》中，主人公贾宝玉欣赏的女性不仅具有出众的美貌，更拥有超越传统男性的才智、见识与情趣。如第一次海棠诗社，李纨任社长，以白海棠为题作诗，李纨评价宝钗第一，黛玉第二，而宝玉则居于最末。宝玉已是贾家最有才华的男性了，但却比不过大观园中的女孩子，这就暗示了大观园中女性的才华要高于男性。李纨本是国子监祭酒的女儿，能对大观园才子才女的诗作进行评价，显示出不俗的诗歌评鉴能力，其才华也不在其他女子之下。第二次菊花社作诗，黛玉的三首被李纨评为前三名，而宝玉的两首则未入榜，更突出了女性的才华远在男性之上。再如贾家的当家人，先是王熙凤，后是探春，就是因为凤姐和探春比贾家男人更有管理的才华。贾母曾经评价凤姐说："凤丫头成日家说嘴，霸王似的一个人。"贾母都认同王熙凤像霸王一样，具有男性气质，果断干练，具有管理才能。小说中那些充满魅力的女性均展现了超过男性气质的特质。但小说并没有简单地因强调女性意识而走向性别对立，而是呈现了女性意识的多样性和包容性，充分体现了作品对男女平等的追求以及女性意识的觉醒。这红楼一梦，如诗般绝妙，如画般绚烂，笔下千言万语，皆是心灵的映照。

"红楼梦"不是梦，它如同雪山之巅融化的雪水，汇聚成一条尊崇女性意识的河流。《红楼梦》之前，中国文学作品中就已经有了女性意识的觉醒。从《西厢记》崔莺莺与张生一见钟情的佳话，到《牡丹亭》杜丽娘感慨"情不知所起，一往而深，生者可以死，死者可以生"的深情，这些故事流露出女性勇敢追求自己梦想的决心。林黛玉敢于追寻自我，不顾传统礼教束缚，打破世俗枷锁，唤醒沉睡的女性意识，在男权社会的阴影中绽放属于自己的光芒。《红楼梦》不只是一段红楼幽梦，更是女性意识对抗当时社会男权至上意识形态的不屈宣言和正义呼声。这部作品的伟大之处在于其所蕴含的对女性意识的肯定，否定了世俗社会中的功利主义和占有欲，表达出对女性意识的尊重和拥护。

"红楼梦"不是梦，而是通过女性角色揭示了满是裂痕和伤痕的社会本质。书中微妙的暗示预示着整个社会的衰败，犹如一把锋利的剑直刺当时制度的心脏，同时展现了女性意识的力量和对男权社会的挑战。晴雯，作为反抗封建礼教的典型代表，她从不认为自己的仆人身份就该低人一等。她拥有林黛玉的魅力，一身傲骨，坚持己见，不愿受辱，总是保持内心的坚强和独立。这样的品质在昏庸腐朽的封建男权社会中，甚至今天，都是极其珍贵的。这正是女性意识觉醒的表现，能够在多样化的世界中保持独立、高洁，不甘命运安排，不愿意居于人下。晴雯的形象如刀劈玉石，墨香浓郁在花间绽放，宛如星辰般熠熠生辉。

在曹雪芹的笔下，每位女性角色都是意蕴深厚的独立个体。她们的形象总是洋溢着难以名状的魅力与优雅，至今仍为人们津津乐道，彰显了"巾帼不让须眉"的女性意识。女性不仅是生活中一道美丽的风景线，更是推动社会前进的关键力量。但是，在男权主宰的社会里，这些女性的命运只有悲惨的下场。黛玉泪尽而亡,探春远嫁,凤姐患血崩之症,晴雯冤死……只有在今天,男女才真正实现了平等,女性才拥有了真正的权利。在当代社会中,女性如同光芒四射的光束,照亮世界的每一个角落,男女平等已然成为社会现实。而《红楼梦》中那些鲜活生动、才华横溢的女性形象也在现实世界中找到了自己的舞台……

我的读书心得:

我的红楼情缘

合肥北城中学 2022 级 21 班　吴静然
指导教师　李书琴

我用书，流连年少年华。

故事的开始，适逢其会，心神荡漾。

故事的结局，心酸过往，天各一方。

我是"极爱"书的。是"爱"，不是"喜欢"；是"极爱"，不是"很爱"。

浅淡的文字，绘出了丰富的图画，绘出了精彩的情节，也绘出了多舛的命运。书，就是这样，用出其不意的遣词造句演奏出对生命的赞歌。透过这朦朦胧胧的月光，窥见那半遮半掩的情愫，眼前仿佛是潇湘妃子泪洒湘妃竹上闪耀着的点点泪光，映射出斑驳的光影。

我把读书当成享受生活、了解世界的方式，这令人感到安心且舒适，轻松又自在。

【起】

孩提时，懵懂稚嫩，虽然还不懂红楼绘本中曲折的情节、多彩的人物，却为其中各样的服饰、诗词、亭台楼阁所吸引。我惊叹那"金丝八宝攒珠髻""朝阳五凤挂珠钗"；

我沉迷那"掐金挖云红香羊皮小靴""大红羽纱面白狐皮鹤氅"。幼小的我总有着许多的奇思妙想，天马行空地想象着美得惊心动魄的事物，凝聚于笔尖，绽放于画纸。也是呢，妈妈总会在看到时鼓励我、夸奖我，给了小小的我极大的鼓励。年幼时，我对《红楼梦》的爱意悄然生出，等待有朝一日破土而出，窥见天光。日子慢慢地从指间滑落，还来不及细细品味，岁月就已将幼时时光化为绕指温柔。

【兴】

我品尝着沉甸甸的精神食粮慢慢长大。首次阅读《红楼梦》，亦让我痴迷。我深深地被一个虚构的故事打动。府邸深处，究竟是什么？是黛玉含泪悲吟的葬花，是宝玉如醉如痴的幻境，还是宝钗天真无邪的扑蝶？是爱恨凋零，是浅吟低唱，是临风洒泪还是昨日欢颜？

它，可能是繁荣昌盛，抑或是谨小慎微，不诉离愁，只因无从会心，无人能诉那一场风花雪月。

简单的心境，朴素的语言，让我对书中的人物有了初步的认识。我喜爱黛玉的"两弯似蹙非蹙罥烟眉，一双似泣非泣含露目"，却不忍她脆弱多病；我欣赏宝钗的"万缕千丝终不改，任他随聚随分"，却不喜她句句心计；我陶醉袭人的"枉自温柔和顺，空云似桂如兰"，却不愿她"公子无缘"。

在津津品读之中，时光荏苒，岁月如梭。我的心智日渐成熟、蜕变，心境也变得不同于幼时。但从未停止的，是指尖跳跃的文字。

【再】

这一年，我再次捧起了那本我儿时认为"神圣而遥不可及"的《红楼梦》。阳光透过窗棂照射进来，薄薄的纸页微微泛黄，被镀上了神圣的光，是如此令人沉醉。葬花吟葬去了心中的冷月，却给后人留下了一首悲痛欲绝的歌。海棠诗绘出了梦境的模样，却给红楼留下了一段解不开的忧思。

浪涌云动，帆随波而流，九岁时一路去往那气势恢宏的府邸深处。个个姊妹兄嫂，笑意不尽，而她只能咽泪装欢，强颜欢笑。她是林黛玉，一个我所深爱的女子，一个我愿意挥霍大把时间去叙写、去感受、去悲颂的奇女子。读完红楼，我为林黛玉哭过，伤感过，甚至对薛宝钗憎恶过。那时我一度幼稚地认为是薛宝钗的存在破坏了我原本构想的完美结局。而如今思忖，不禁莞尔，这本是个虚构的故事，只是每个人物都有各自存在的意义罢了。在黛玉含恨焚稿后，薛宝钗也在寂寞中目视红烛，烧尽一生。宝钗，不也是个可怜人儿吗？红楼中，谁不可怜？

是红楼一梦的淡淡书香，使得一个个慵懒的午后变得诗情画意，一个个沉寂的夜晚变得心潮澎湃。亦书，亦友。

【终】

那一天，当我最后翻阅红楼，感悟其中的人情冷暖、社会风气，我的潇湘妃子，我的红楼梦境！我开始回忆，再回忆，在自我的精神世界里徜徉。轻抚封面，古色古香的书重新滑落到我的指缝。我小心地捧起，心中一动，午后的蛋壳碎了，温暖的阳光像一只只破壳而出的小鸡，在薄薄的已经有点泛黄的纸页上蹦跳。每个字都泛着金黄色的耀眼的脆弱的光。依旧是黛玉焚稿，宝钗出闺；依旧是香菱作诗，宝玉痴情……但一切，读起来都和以前不同。岁月流逝，书香未变，可韵味不一。读到最后，我已泪流满面，熟悉的文字在我心中碰撞着。也许是因为长大了吧，在支离破碎的爱情背后，我更若有似无地读出几分世态炎凉的人事渺茫的意味，优美而感伤，也更加明白了它的魅力所在。是我太痴，忽视了其他，当然，这何尝不是一种美呢？

满园芬芳再无流连戏蝶的娇娘，缱绻落花等不来弱柳扶风的埋葬，就连醉里落满身的红香，也只能孤芳自赏，玉砌的美梦满是心伤，转瞬终章，人走晚风凉。

红楼之梦，常读常新，屡读屡感，我会一直读下去，一直。

万籁俱静的夜，手捧爱书，幽幽的旋律，浅吟低唱。

清辉盈盈的月，梦枕书香，莹莹的夜空，轻拾忧伤。

这，就是书的魅力，不可抗拒的魅力，让我愿意将自己深深地嵌进书页里，去触碰那些虚无的存在，去拥抱那些真实的破碎，感悟时光深处的岁月静美。

🌟 我的读书心得:

《苏格拉底的申辩》读后有感

合肥一中包河分校 2023 级 11 班　张鑫

指导教师　武芳芳

"我去死,你们去生,我们所去的哪个更好,谁也不知道,除非是神。"

这是苏格拉底传唱千古的名言,也是我个人十分认同的观点。它的重点不在于生和死,而在于选择的好与坏。

相信很多人都知道苏格拉底,但大多数人对他的认识都停留于哲学家的层面。不可否认,他确实是个伟大的哲学家,但他又同时兼任了其他角色。在《苏格拉底的申辩》中,我清晰地感受到了苏格拉底的人格魅力。

书如其名,《苏格拉底的申辩》是苏格拉底在受到诬陷后为自己打响的辩论战。他批判了当时雅典民众的愚昧无知,以及统治集团的腐败卑鄙。苏格拉底的控告者所使用的论辩术,正是高尔吉亚及其弟子们的技艺,关键词是"说服"。苏格拉底曾在《高尔吉亚》中指出:"研究修辞学的论辩术的主要特点是依靠意见,而不是知识,其目的是说服人们相信,而不管所相信的是真是假。"这可以作为一个论点论证苏格拉底的冤屈。但苏格拉底在《苏格拉底的申辩》中表达得很含蓄，几乎是用暗示的方式，可能他依旧期盼着控告者的省悟吧。

那么，苏格拉底究竟做了什么让人们怨恨他甚至诬告他呢？主要原因就是他动摇了统治阶级的统治。苏格拉底每次拜访结束后，都有雅典青年愿意追随他，苏格拉底教授他们道理和省察人的方法，还有他的"神论"。就这样，他的弟子们也开始传播苏格拉底的"神论"。当时的人们认为这是在败坏青年的思想，从而导致了诬告的出现。

即便如此，我们依旧不能否认苏格拉底的伟大，他在《苏格拉底的申辩》中不曾向任何人求情，完全是因为他有一个伟大的灵魂。他强调人们的德行，教导人们追求真善美，他拥有强烈的批判精神，对死亡有着超乎常人的坦荡。西塞罗对苏格拉底的评价很高，在《图斯库兰论辩集》中，他说："苏格拉底第一个把哲学从天上召唤了下来，把它放在城邦，引进家庭，用它省察生活和道德、好与坏。"

任何事情都有两面性，我们要做的是择其善者而从之，其不善者而改之。即便苏格拉底做的一些事我不认同，但这不影响我佩服他优秀的品格。

⭐ **我的读书心得：**

高中组